뉴마이크로비트 micro:bit V2

나도 마이크로비트로
AI·메이킹한다

김태서
전 승
권순찬
김경상
최현수

◎ 뉴마이크로비트로 재미있는 **피지컬 컴퓨팅!**

◎ 만들기 과정을 따라 멋진 **메이킹 작품 완성!**

◎ 실생활에 도움을 주는 **인공지능 프로그램 만들기!**

GO

씨마스

머리말

1탄 『나도 마이크로비트로 코딩한다』에 이어 2탄 『나도 마이크로비트로 AI·메이킹 한다』를 출간하게 되어 영광으로 생각합니다.

메이커 교육과 인공지능 교육은 이 시대의 뜨거운 화두가 되었습니다. 메이커 교육은 아이들이 스스로 원하는 것을 만들어가는 과정을 다른 사람과 공유하며 이를 통해 배우는 것을 말합니다. 인공지능은 인간만이 할 수 있었던 추론 과정을 기계가 학습을 통해 예측하고 분류하는 시스템입니다. 이제는 기계가 학습할 수 있는 데이터를 어떻게 가공하여 기계에 학습시켜야 하는지 그리고 어떤 모델로 설계해서 예측할지에 대한 개념을 이해시키는 인공지능 교육이 필요합니다. 그래서 인공지능이 특정 분야의 학문이 아닌 누구나 알고 이해해야 하는 융합 학문의 기본이 되었습니다.

마이크로비트는 영국 BBC에서 코딩 교육용으로 개발한 오픈소스 하드웨어로, 쉽게 표현하면 자그마한 컴퓨터라고 할 수 있습니다. 스마트폰처럼 빛 센서, 가속도 센서 등 다양한 센서가 내장되어 있을 뿐만 아니라 25개의 LED와 온도 센서가 내장되어 있어 소프트웨어와 하드웨어의 원리를 이해하기에 좋은 도구입니다. 마이크로비트의 업그레이드 버전인 뉴마이크로비트 V2는 기존 센서 구성에 마이크와 스피커 및 터치 센서가 추가되었으며, 블루투스5.0 모듈도 추가되어 안정적으로 스마트폰 및 다른 기기와도 확장 연결하여 사용할 수 있습니다.

이번 교재에서는 뉴마이크로비트 V2를 기반으로 집필진들이 함께 모여 주제와 난이도별로 목차를 정하고 2부 '마이크로비트와 함께하는 신나는 메이킹'을 통해 피지컬 컴퓨팅의 원리와 더불어 창작의 즐거움을 느낄 수 있도록 하였으며, 3부 '마이크로비트와 함께 배우는 AI'를 통해 인공지능 프로그램을 직접 만들어보면서 인공지능 교육의 흥미를 높일 수 있도록 활동을 구성하였습니다.

마지막으로 본 교재 집필에 참여해 주신 전승 선생님, 권순찬 선생님, 김경상 선생님, 최현수 선생님과 출판사 관계자분들께 감사드립니다. 또한 집필에 집중할 수 있도록 도움을 주신 집필진의 가족분들께도 감사드립니다.

소프트웨어와 인공지능 교육에 관심이 있는 모든 선생님과 학생들에게 이 책이 도움이 되기를 바랍니다. 감사합니다.

집필진 대표 **김 태 서**

김태서

고려대학교 교육대학원에서 컴퓨터교육을 전공하고, 인덕과학기술고등학교에서 정보 교사로 재직하고 있다. 고등학교 AI 교육연구회 회장을 맡고 있으며, 인공지능, 마이크로비트, 아두이노, 파이선, 앱 인벤터 툴을 활용한 소프트웨어 교육에 관심을 갖고 연구 중이다.

전승

숭실대학교 컴퓨터학부를 졸업하고, 서울 대성중학교 정보 교사로 재직하고 있다. 교사를 대상으로 앱 제작과 아두이노를 이용한 소프트웨어 교육 연수를 진행하고 있으며, 중학교 학생들의 컴퓨팅 사고력 신장을 위한 교육에 관심을 갖고 연구 중이다.

권순찬

한국교원대학교 컴퓨터교육을 전공하고, 충암중학교 정보 교사로 재직하고 있다. 2021 SW·AI교육 담당교원 역량 강화 연수 강사(한국과학창의재단) 등 SW·AI 교육과 관련 있는 다양한 교사 연수를 왕성하게 펼치고 있다. 현재는 디자인 씽킹을 기반으로 학생들과 함께 할 수 있는 마이크로비트 활용 교육 활동을 연구 중이다.

김경상

서울교육대학교 컴퓨터교육과를 졸업하고, 서울교육대학교 대학원 석사 과정 중이며, 서울청량초등학교에 재직하고 있다. 다양한 전자 기기, 코딩 등을 활용한 메이킹 프로젝트에 관심이 많으며, 이와 관련하여 학생 동아리와 블로그를 운영하고 있다.

최현수

성균관대학교에서 인공지능융합교육을 공부하며 다양한 상상을 실현해 나가는 꿈을 이루는 중이다. 서울백운초등학교에 재직하고 있으며, 코딩을 더욱 알리고자 전국 온라인 코딩파티 '둘이서 코딩'을 개발하여 운영하였다.

이 책의 **구성**

이 책은 마이크로비트와 메이크코드를 소개하는 제1부 '마이크로비트와의 첫 만남', 피지컬 컴퓨팅의 원리와 창작의 즐거움을 동시에 느낄 수 있는 제2부 '마이크로비트와 함께하는 신나는 메이킹', 인공지능에 대한 흥미도를 높일 수 있는 제3부 '마이크로비트와 함께 배우는 AI'로 구성하였습니다.

❶ 이번에는 무엇을 할까요?

귀여운 캐릭터들의 대화에서 해결할 문제를 찾고, 어떻게 해결할 것인지 생각해 봅니다.

❷ 준비해 보아요

활동 목표와 준비물, 메이킹 결과 예시를 참고하여 활동을 시작할 준비를 합니다.

제2부 마이크로비트와 함께하는 신나는 메이킹

❸ 차근차근 알아보아요

하드웨어를 구성하는 방법과 프로그래밍 과정, 활동에서 사용할 입출력 장치에 대해 학습합니다.

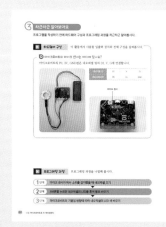

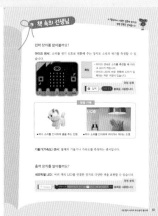

제3부 마이크로비트와 함께 배우는 AI

❸ 인공지능을 준비해요

인공지능 프로젝트 진행 순서를 살펴보고, 인공지능 모델을 만듭니다.

> 머신러닝 포 키즈 사이트에서 인공지능 모델을 만들어요.

제2부 '마이크로비트와 함께하는 신나는 메이킹'은 총 12개의 활동으로 구성하였으며, 입출력 장치에 대한 이해에서 프로그래밍 그리고 메이킹에 이르는 과정에 따라 학생들이 멋진 메이킹 작품을 만들 수 있도록 하였습니다.

제3부 '마이크로비트와 함께 배우는 AI'는 총 5개의 활동으로 구성하였으며, 인공지능 프로젝트 진행 순서에 따라 직접 모델을 만들어 실생활에 응용하는 체험을 통해 학생들이 인공지능을 친숙하고 재미있게 학습할 수 있도록 하였습니다.

④ 프로그래밍해 보아요

프로그램을 만드는 절차에 따라 실제로 메이크코드로 코딩합니다.

복잡한 메이킹 과정을 자세하게 설명하여 활동을 진행하는 데 도움을 줄 수 있도록 하였습니다.

⑤ 확인해 보아요

프로그램이 잘 작동하는지 점검한 후, 활동을 마무리합니다.

④ 프로그래밍해 보아요

작성한 모델을 스크래치로 코딩합니다.

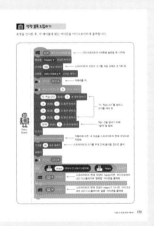

제1부
마이크로비트와의 첫 만남

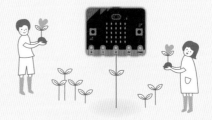

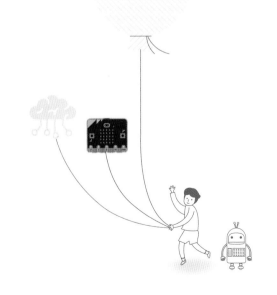

1

마이크로비트와의 첫 만남

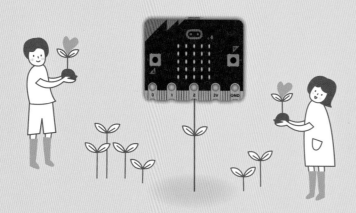

1 마이크로비트란?

마이크로비트는 여러분의 상상력과 창의력을 발휘할 수 있는 초소형 컴퓨터입니다.

'마이크로비트'는 신용 카드 크기의 절반 정도밖에 안 되는 초소형 컴퓨터로, 글자와 그림 등을 나타낼 수 있는 25개의 빨간색 LED와 2개의 버튼 외에도 여러 가지 센서들이 장착되어 있어 여러분이 상상한 대부분의 것을 디지털 작품으로 만들 수 있습니다. 어린 학생들이 아무것도 모르는 상태에서 연필을 쥐고 그림을 그리듯이, 코딩에 대한 전문적인 지식이 없어도 이 마이크로비트로 다양한 작품을 쉽게 만들 수 있습니다.

여러분은 마이크로비트를 이용하여 악기를 만들 수도 있고, 게임기를 만들 수도 있고, 자동차를 만들 수도 있고, 심지어 로봇을 만들 수도 있습니다. 마이크로비트에 여러분의 상상력과 창의력을 더한다면 어떤 디지털 작품이든 만들 수 있는 것입니다.

영국에서 어린 학생들이 자연스럽게 컴퓨터에 대해서 배울 수 있도록 학생 100만 명에게 마이크로비트를 무료로 나누어 준 것을 시작으로, 현재는 전 세계 50여 개 이상의 나라에서 학생들이 마이크로비트로 다양한 디지털 작품을 만들어 공유하고 있습니다.

여러분들도 마이크로비트를 활용하여 나만의 디지털 작품을 만들고 세계 여러 나라의 학생들에게 자신의 작품을 공유해 보세요!

앞면

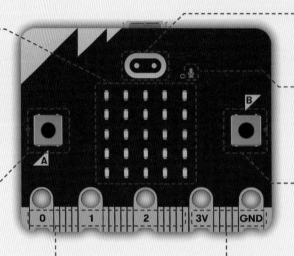

❶ LED 디스플레이

가로 5개, 세로 5개 총 25개의 LED가 있습니다. 이 25개의 LED를 이용하여 그림, 숫자, 글자를 표현합니다. 또, 빛의 양을 측정하는 빛 센서로도 사용할수 있습니다.

❷ A버튼

눌러서 여러 가지 신호를 보낼수 있습니다.

❺ 로고 터치 버튼

로고를 터치하면 버튼처럼 여러가지 신호를 보낼 수 있습니다.

❻ 마이크 사용 표시 램프

뒷면에 있는 마이크를 사용할때 불이 켜집니다.

❼ B버튼

기계적인 특징은 A버튼과 같습니다.

❸ 외부 장치 연결 핀

마이크로비트에는 외부 장치를 연결하기 위한 핀이 있습니다. 모터와 네오픽셀 LED 등을 이곳에 연결할 수 있습니다.

❹ 전원 공급

외부 장치(예 모터)에 전원을 공급할 때 사용합니다.

주의

마이크로비트에 사용된 LED는 전기를 흘려보내면 빛을 냅니다. 반대로 LED에 빛을 쪼이면 빛의 양에 비례하여 전기를 만들어 내기도 합니다. 이와 같은 LED의 성질을 이용하면 마이크로비트의 LED를 빛 센서로 사용할 수 있습니다.

❸, ❹번의 외부 장치 연결용 핀을 살펴보면 일부 핀은 크고 구멍이 뚫려 있지만(큰 핀), 일부 핀은 작고 구멍이 뚫려 있지 않은 것(작은 핀)을 확인할 수 있습니다.

자주 사용하는 0, 1, 2, 3V, GND 핀은 점퍼 와이어, 똑딱이 연결핀 또는 4mm 바나나 플러그 등을 사용하여 쉽게 연결할 수 있도록 만들어 두었습니다. 만약 더 많은 외부 장치를 연결해야 한다면 작은 핀들을 사용하기 위해 확장 보드를 연결해야 합니다.

마이크로비트는 다양한 장치들을 모아 놓은 컴퓨터 보드입니다. 함께 살펴볼까요?

뒷면

❶ 블루투스 안테나

블루투스로 다른 기기들과 통신하기 위한 안테나입니다. 블루투스를 이용하여 컴퓨터/스마트폰/태블릿 PC와 무선으로 연결할 수 있습니다.

❷ 마이크로 컨트롤러 온도 센서

사람의 '두뇌' 역할을 하는 부품입니다. 마이크로 컨트롤러 내부에는 온도를 측정할 수 있는 센서가 있습니다.

❸ 기울기(가속도), 자기(나침반) 센서

마이크로비트의 기울기나 위치 등을 감지하는 센서입니다.

❹ 마이크

주변 소리의 크기를 감지하는 센서입니다.

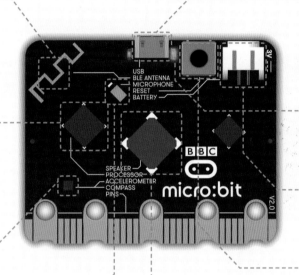

❺ USB 포트

마이크로 5핀(Micro B) 규격으로, 컴퓨터와 연결할 때 사용합니다.

❻ 상태 표시 램프

전원이 들어오거나 자료를 주고받는 것을 알리는 램프입니다.

❼ 배터리 소켓

외장 배터리 팩을 연결할 때 사용합니다.

❽ 재시작 및 전원 버튼

한 번 누르면 프로그램을 처음부터 다시 실행하고, 길게 누르면 전원이 꺼집니다.

❾ 스피커

소리를 출력하는 장치입니다.

주의 아래 그림과 같은 2핀 JST 커넥터가 달린 AAA(또는 AA) 건전지 2개짜리 홀더를 이용하여 마이크로비트에 전원을 공급할 수 있습니다. 외부 배터리를 연결하면 컴퓨터와 연결하지 않고도 마이크로비트를 작동시킬 수 있습니다.

 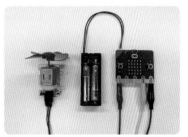

③ 메이크코드를 시작해요!

마이크로비트를 작동시킬 수 있는 코딩 프로그램에는 여러 가지가 있습니다. 그중에 블록을 조립하는 방식으로 손쉽게 코딩할 수 있는 메이크코드를 살펴보도록 하겠습니다.

메이크코드는 프로그래밍 문법을 잘 몰라도 논리적인 구조에 따라 블록을 조립하여 프로그램을 만들 수 있습니다. 따라서 마이크로비트와 프로그래밍을 처음 접하는 사람들도 쉽게 사용할 수 있습니다.

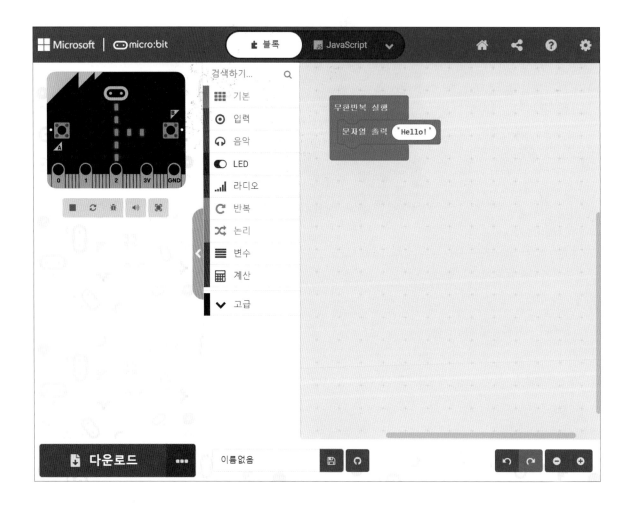

메이크코드는 엔트리나 스크래치와 비슷한 형태로 블록 코딩을 쉽고 재미있게 배울 수 있는 교육용 프로그래밍 언어입니다.

01 > 구글 크롬 브라우저 설치하기

메이크코드를 원활히 사용하기 위해서는 구글 크롬(Google Chrome) 브라우저 사용을 권장합니다.

❶ 현재 사용하는 인터넷 브라우저를 실행합니다.
　(아래의 내용은 Internet Explorer 11버전을 기준으로 작성하였습니다.)

❷ 주소 창에 www.google.com/chrome를 입력한
　후, Enter 키를 누릅니다.

❸ 화면 가운데에 있는 **Chrome 다운로드** 버튼을
　누릅니다.

❹ [실행] 버튼을 눌러 크롬 브라우저 설치 파일
　(ChromeSetup.exe)을 실행합니다.

❺ 사용자 계정 컨트롤 창이 뜨면 [예]를 눌러 계속
　진행합니다.

❻ 크롬(◉) 브라우저 설치를 진행합니다.

❼ 정상적으로 설치가 완료되면 구글 크롬
　브라우저를 실행할 수 있습니다.

자, 이제 메이크코드에 접속해 봅시다.

❶ 크롬(◉) 브라우저를 실행합니다.

❷ 주소창에 http://makecode.microbit.org 를 입력한 후, Enter키를 누릅니다.

❸ 메이크코드 사이트가 나타납니다.

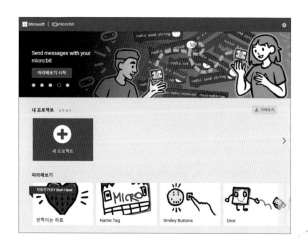

Q&A

Q 그 밖에 메이크코드에 접속하는 방법은 무엇이 있나요?

A 영어를 타이핑하는 것이 어려운 학생들은 검색 사이트에서 메이크코드에 접속할 수 있습니다.

❶ 크롬(◉) 브라우저를 실행합니다.

❷ 첫 화면에 뜨는 구글 검색창에 '마이크로비트'를 입력한 후, Enter키를 누릅니다.

❸ 검색 결과에서 프로그래밍 시작하기를 누릅니다.

❹ Microsoft MakeCode(마이크로소프트 메이크코드)의 [MakeCode 편집기 사용하기]를 누르면 메이크코드에 접속할 수 있습니다.

03 메이크코드 살펴보기

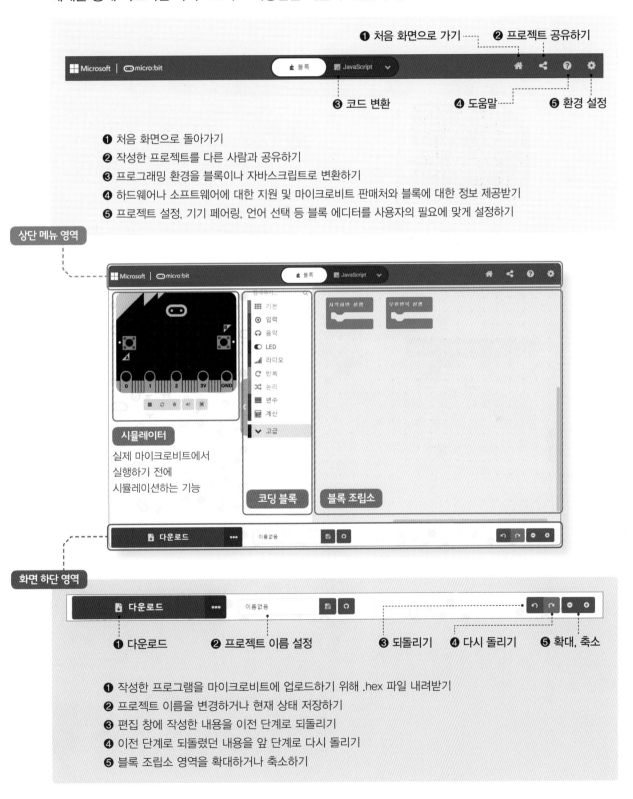

■(새 프로젝트) 버튼을 눌러 나만의 프로그램을 만들 수 있고, 메이크코드 사이트의 [따라해 보기] 예제를 통해 기초적인 마이크로비트 사용법을 익힐 수 있습니다.

❶ 처음 화면으로 가기   ❷ 프로젝트 공유하기

❸ 코드 변환   ❹ 도움말   ❺ 환경 설정

❶ 처음 화면으로 돌아가기
❷ 작성한 프로젝트를 다른 사람과 공유하기
❸ 프로그래밍 환경을 블록이나 자바스크립트로 변환하기
❹ 하드웨어나 소프트웨어에 대한 지원 및 마이크로비트 판매처와 블록에 대한 정보 제공받기
❺ 프로젝트 설정, 기기 페어링, 언어 선택 등 블록 에디터를 사용자의 필요에 맞게 설정하기

상단 메뉴 영역

시뮬레이터

실제 마이크로비트에서
실행하기 전에
시뮬레이션하는 기능

코딩 블록   블록 조립소

화면 하단 영역

❶ 다운로드   ❷ 프로젝트 이름 설정   ❸ 되돌리기   ❹ 다시 돌리기   ❺ 확대, 축소

❶ 작성한 프로그램을 마이크로비트에 업로드하기 위해 .hex 파일 내려받기
❷ 프로젝트 이름을 변경하거나 현재 상태 저장하기
❸ 편집 창에 작성한 내용을 이전 단계로 되돌리기
❹ 이전 단계로 되돌렸던 내용을 앞 단계로 다시 돌리기
❺ 블록 조립소 영역을 확대하거나 축소하기

▦ 기본 카테고리에서 블록을 끌어와 다음과 같이 간단한 프로그램을 만든 후, 실제 마이크로비트에서 작동하도록 업로드해 봅시다.

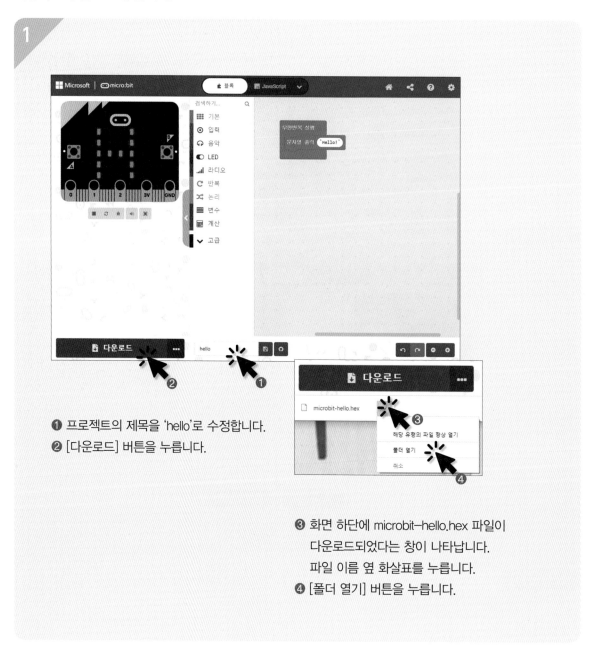

❶ 프로젝트의 제목을 'hello'로 수정합니다.
❷ [다운로드] 버튼을 누릅니다.

❸ 화면 하단에 microbit-hello.hex 파일이
   다운로드되었다는 창이 나타납니다.
   파일 이름 옆 화살표를 누릅니다.
❹ [폴더 열기] 버튼을 누릅니다.

다운로드 폴더를 확인해 보면 17쪽
첫 번째 그림처럼 microbit-hello.hex 파일이
저장된 것을 확인할 수 있습니다.

컴퓨터와 마이크로비트를 USB 케이블로 연결합니다.

2

USB 케이블의 규격은 Micro USB 5핀 (Micro B type 2.0)입니다.

3

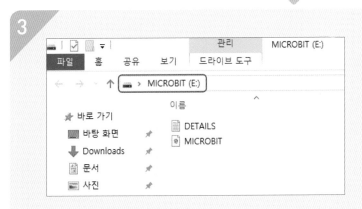

컴퓨터와 마이크로비트를 USB 케이블로 연결하면, MICROBIT라는 이름의 이동식 디스크가 인식됩니다.

4

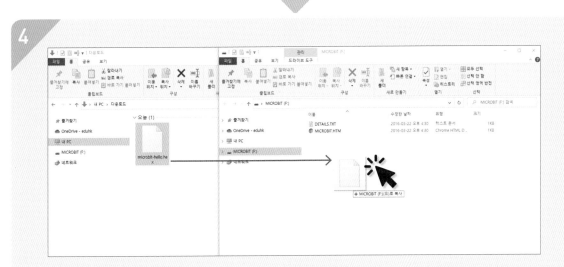

다운로드한 .hex 파일을 MICROBIT라는 이름의 이동식 디스크로 복사하면 프로그램이 업로드됩니다.

컴퓨터와 마이크로비트를 페어링하면 .hex 파일을 이동식 디스크로 복사해 넣는 과정 없이 메이크코드 프로그램에서 마이크로비트로 파일을 바로 업로드할 수 있습니다.
마이크로비트와 컴퓨터를 페어링하는 방법은 아래와 같습니다.

❶ 마이크로비트와 컴퓨터를 USB 케이블로 연결한 후, 메이크코드의 [설정] – [Connect device] 링크를 클릭합니다.

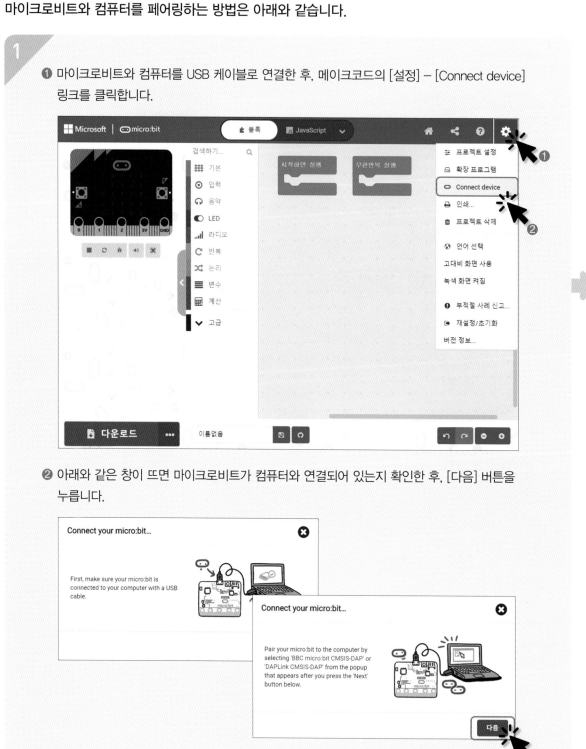

❷ 아래와 같은 창이 뜨면 마이크로비트가 컴퓨터와 연결되어 있는지 확인한 후, [다음] 버튼을 누릅니다.

컴퓨터와 마이크로비트가 페어링된 다음부터는 다운로드 버튼을 누르면 즉시 프로그램이 업로드됩니다.

2

❶ 장치 연결창이 뜹니다. BBC micro:bit CMSIS-DAP 또는 DAPLink CMSIS-DAP를 선택합니다.

❷ 페어링이 잘 되었다면 아래와 같이 아이콘 모양이 바뀌고(⬇ ⇨ 🔗), 마우스를 가져다 대었을 때 "micro:bit에 연결되었습니다."라는 메시지가 나타납니다.

펌웨어 버전이 0249 이상이어야 장치 페어링 기능을 지원합니다. MICROBIT 이동식 디스크의 DETAILS.txt 파일을 열어 보면 펌웨어 버전을 확인할 수 있습니다.

만약 페어링에 실패한 후, 다음과 같은 창이 나타나면 [Learn more about firmware]를 눌러 문제를 해결하세요.

스마트폰 또는 태블릿 PC에서도
메이크코드에 접속할 수 있습니다.
스마트폰 또는 태블릿 PC를 이용하여
마이크로비트 프로그램을 만들고 업로드하는 방법을 알아봅시다.

아래의 내용은 애플의
모바일 운영체제(iOS)를
기준으로 작성했습니다.

❶ [앱 스토어] 또는 [플레이 스토어]에서 micro:bit 앱을 찾아 설치한 후, 실행합니다.

❷ 아래와 같은 사용 확인 메시지가 나타나면 [확인]을 누릅니다.

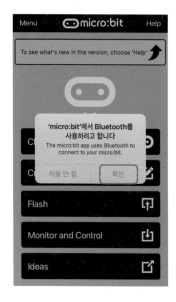

❸ [Choose micro:bit] – [Pair a new micro:bit] – [Next]를 누르면 패턴을 입력하는 화면이 나타납니다.

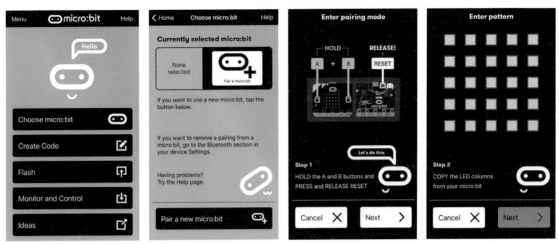

패턴 입력 화면

❹ 마이크로비트의 A버튼과 B버튼, 재시작 버튼을 동시에 누르고 있다가 재시작 버튼만 떼면 LED 화면이 차오르고 나비 아이콘이 출력된 후에 패턴이 나타납니다.

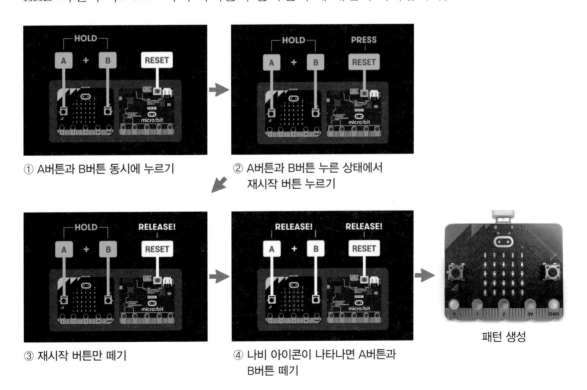

① A버튼과 B버튼 동시에 누르기

② A버튼과 B버튼 누른 상태에서 재시작 버튼 누르기

③ 재시작 버튼만 떼기

④ 나비 아이콘이 나타나면 A버튼과 B버튼 떼기

패턴 생성

❺ 앱 화면에 마이크로비트 LED 디스플레이에 나타난 패턴을 입력하고 [Next] 버튼을 누른 후, 마이크로비트의 재시작 버튼을 누르면 페어링이 완료됩니다.

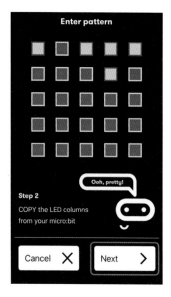 

❻ 앱 초기 화면으로 돌아가 [Create Code]를 누르면, 메이크코드 사이트에 접속할 수 있습니다.

❼ 프로그램을 만든 후 [다운로드] 버튼을 누르면, 앱에서 연결된 마이크로비트를 찾습니다.

❽ 연결된 마이크로비트에 프로그램이 업로드되었습니다.

지금까지의 내용은 애플의 모바일
운영체제(iOS)를 기준으로 작성되었으며
안드로이드 운영체제도 절차가 비슷합니다.

2

마이크로비트와 함께하는 신나는 메이킹

1장 룰렛을 돌려 봐!

활동일 ○○○○년 ○○월 ○○일

① 이번에는 무엇을 할까요?

모둠에서 서로 발표하기를 싫어하네요. 룰렛을 만들어서 발표자를 정해 볼까요?

우리 모둠 발표는
누가 할까?

룰렛을 만들어서
정하기로 하자.

이번 발표는
광수구나!

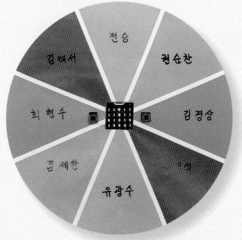

 이번 활동에서는 마이크로비트의 LED 디스플레이를
이용하여 룰렛을 만들어 보겠습니다.

② 준비해 보아요

활동을 해결하기 위해 활동 목표와 준비물을 확인해 보고, 결과 예시를 살펴봅시다.

🎯 활동 목표

❶ 반복 블록을 사용하여 마이크로비트 LED 디스플레이에 화살표를 출력할 수 있다.
❷ 랜덤 블록과 논리 블록을 사용하여 발표자 정하기 룰렛을 만들 수 있다.

✅ 준비물   마이크로비트와 관련 장치 및 만들기 재료를 확인합니다.

| 컴퓨터 | USB 케이블 | 마이크로비트 | 건전지 케이스와 건전지 |

| 가위 | 칼 | 테이프 | 사인펜 |

도안

마이크로비트와 입출력 장치 그리고 장치 연결에 필요한 준비물입니다.

메이킹에 필요한 준비물입니다.

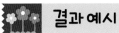 **결과 예시**   작동시키는 순서대로 어떤 결과가 나타나는지 확인해 봅시다.

1 단계 A버튼을 누를 때

2 단계 B버튼을 누를 때

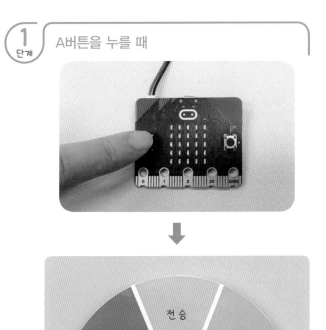

화살표가 시계 방향으로 돌아갑니다.

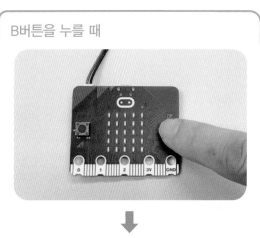

돌아가던 화살표가 랜덤 방향을 가리키며 멈춥니다.

활동 시간은 45분 정도 소요됩니다.

프로그램을 작성하기 전에 하드웨어 구성과 프로그래밍 과정을 차근차근 알아봅시다.

하드웨어 구성   이 활동에서 사용할 입출력 장치와 전체 구성을 살펴봅시다.

Q 마이크로비트와 건전지 케이스는 어떻게 연결하나요?

이번 활동에서는 외부 입출력 장치를 연결하지 않고 마이크로비트만을 사용합니다.

❶ 마이크로 5핀 USB 케이블로 마이크로비트와 컴퓨터를 연결하고 프로그램을 업로드합니다.
❷ 건전지 케이스에 연결된 선의 금속 부분이 마이크로비트의 앞면을 향하도록 연결합니다.

마이크로비트에 연결한 건전지 케이스의 연결선을 무리하게 잡아당겨 연결선이 끊어지지 않도록 조심하고, 사용 후에는 건전지 케이스에서 건전지를 빼서 안전하게 보관해요.

프로그래밍 과정   프로그래밍 과정을 나열해 봅시다.

1단계 A버튼을 누를 때 반복문을 활용하여 화살표를 여러 방향으로 반복 출력하기

▼

2단계 B버튼을 누를 때 회전하던 화살표가 랜덤 방향을 가리키며 멈추기

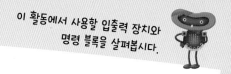

책 속의 선생님

입력 장치를 알아볼까요?

A, B 버튼: 마이크로비트의 대표적인 입력 장치는 A버튼과 B버튼이 있습니다. 그리고 A버튼과 B버튼을 동시에 눌러서 입력 기능을 만들 수 있습니다. 이렇게 총 3가지의 입력 버튼 기능을 사용할 수 있습니다.

명령 블록

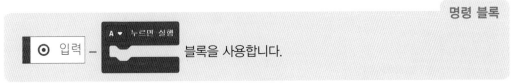 블록을 사용합니다.

출력 장치를 알아볼까요?

LED 디스플레이: 마이크로비트의 전면에는 5×5의 총 25개 LED가 있습니다. LED는 영어로 'Light Emitting Diode'의 줄임말입니다. 발광 다이오드라고 부르는데 발광은 빛이 난다는 뜻입니다. LED는 전류가 흐르면 빛을 냅니다.

명령 블록

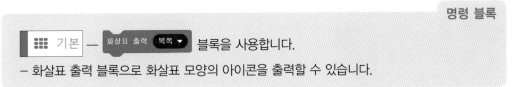 블록을 사용합니다.
– 화살표 출력 블록으로 화살표 모양의 아이콘을 출력할 수 있습니다.

스피커: 전기 신호를 소리로 바꾸어 출력하는 장치로, 전기가 흐를 때 일어나는 자기장의 작용으로 진동을 만들어 내어 진동판을 움직여 소리를 냅니다.

특징	• 도선에 전류가 흐르면 도선 주위에 자기장이 생겨 자석처럼 밀고 당기는 힘을 갖게 되는데, 이때 스피커에 들어 있는 자석과 서로 밀고 당기며 진동이 만들어집니다. • 진동판이 주변의 공기를 진동시켜 소리를 전달하며, 진동수가 작으면 낮은 소리, 크면 높은 소리가 납니다.

명령 블록

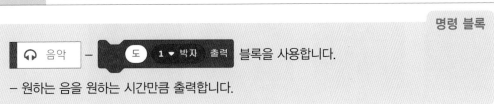 블록을 사용합니다.
– 원하는 음을 원하는 시간만큼 출력합니다.

활용 사례

주위의 커다란 음향 기기, 작은 이어폰에도 같은 원리의 스피커가 들어있습니다.

4 프로그래밍해 보아요

자, 지금까지 알아 본 내용을 바탕으로 코딩해 봅시다.

1단계 A버튼을 누를 때 반복문을 활용하여 화살표를 여러 방향으로 반복 출력하기

변수 생성하기 **진행** 진행 상태를 저장하는 변수

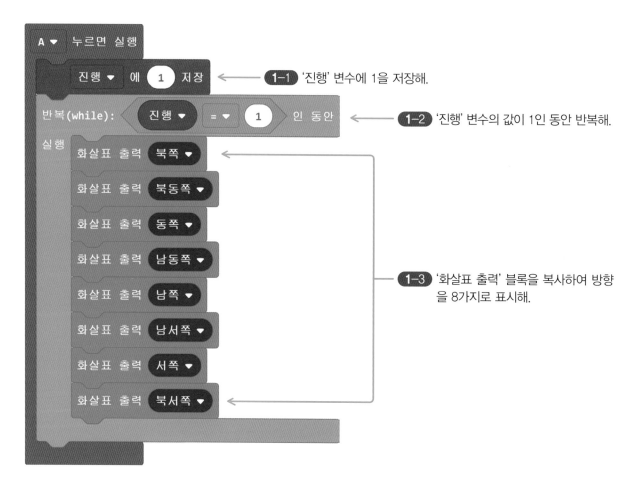

1-1 '진행' 변수에 1을 저장해.

1-2 '진행' 변수의 값이 1인 동안 반복해.

1-3 '화살표 출력' 블록을 복사하여 방향을 8가지로 표시해.

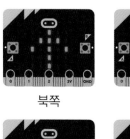

북쪽   북동쪽   동쪽   남동쪽

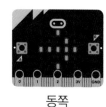  

남쪽   남서쪽   서쪽   북서쪽

왼쪽 그림에서 8가지 방향을 참고하세요.

2단계 B버튼을 누를 때 회전하던 화살표가 랜덤 방향을 가리키며 멈추기

변수 생성하기　　　k　　화살표의 방향을 저장하는 변수

B ▼ 누르면 실행

진행 ▼ 에 0 저장 ◄──── **2-1** '진행' 변수에 0을 저장해.

k ▼ 에 0 부터 7 까지의 정수 랜덤값 저장 ◄──── **2-2** 'k' 변수에 0~7까지의 방향 랜덤값을 저장해.

만약(if) k ▼ = ▼ 0 이면(then) 실행
　화살표 출력 북쪽 ▼
아니면서 만약(else if) k ▼ = ▼ 1 이면(then) 실행 ⊖
　화살표 출력 북동쪽 ▼
아니면서 만약(else if) k ▼ = ▼ 2 이면(then) 실행 ⊖
　화살표 출력 동쪽 ▼
아니면서 만약(else if) k ▼ = ▼ 3 이면(then) 실행 ⊖
　화살표 출력 남동쪽 ▼
아니면서 만약(else if) k ▼ = ▼ 4 이면(then) 실행 ⊖
　화살표 출력 남쪽 ▼
아니면서 만약(else if) k ▼ = ▼ 5 이면(then) 실행 ⊖
　화살표 출력 남서쪽 ▼
아니면서 만약(else if) k ▼ = ▼ 6 이면(then) 실행 ⊖
　화살표 출력 서쪽 ▼
아니면(else) 실행 ⊖
　화살표 출력 북서쪽 ▼
⊕

2-3 '진행' 변수의 값이 '0'이면 '북쪽'
　　　　－ '1'이면 '북동쪽',
　　　　－ '2'이면 '동쪽',
　　　　－ '3'이면 '남동쪽',
　　　　－ '4'이면 '남쪽',
　　　　－ '5'이면 '남서쪽',
　　　　－ '6'이면 '서쪽',
　　　　－ '7'이면 '북서쪽'
화살표를 출력해.

도 1/4 ▼ 박자 출력
미 1/4 ▼ 박자 출력
솔 1/4 ▼ 박자 출력
높은 도 1/4 ▼ 박자 출력

2-4 화살표와 함께 당첨 멜로디('도', '미', '솔', '높은 도')를 출력해.

발표자 정하기 룰렛 만들기 과정

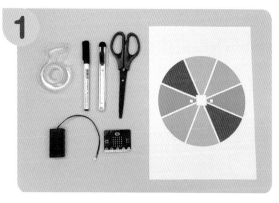

1 마이크로비트, 건전지 케이스, 룰렛 도안, 가위, 칼, 투명 테이프, 사인펜을 준비합니다.

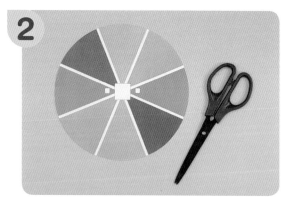

2 부록 201쪽의 룰렛 도안의 모양을 가위로 오립니다.

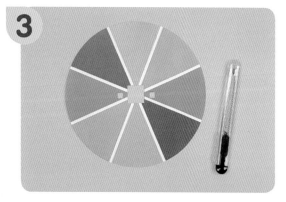

3 룰렛에 표시된 마이크로비트 LED 디스플레이와 A, B 버튼 부분에 칼로 구멍을 뚫습니다.

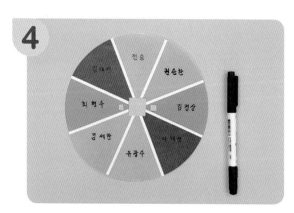

4 각 칸에 발표자의 이름을 적습니다(예 벌칙 같은 내용으로 응용할 수 있어요.).

5

구멍 낸 부분에 마이크로비트를 끼웁니다.

6

마이크로비트와 건전지 케이스를 연결하고 뒷면에
테이프로 고정합니다.

7

건전지 케이스의 연결선도 정리하여 룰렛 뒷면에
테이프로 고정합니다.

8

A버튼을 누르면 화살표가 시계 방향으로 돌아가고,
B버튼을 누르면 화살표가 랜덤으로 발표자를 선정
합니다.

확인해 보아요

완성된 프로그램을 실행해 보면서 실행 결과에 이상이 없는지 점검해 봅시다.

 실행하기　　아래 항목이 잘 작동하는지 확인해 봅시다.

항목	예	아니요
❶ 전원을 켜고 A버튼을 누르면 화살표가 여러 방향으로 반복하여 출력되나요?	○	○
❷ B버튼을 누르면 랜덤으로 방향이 선정되어 멈추나요?	○	○

 점검하기　　아래 항목을 점검하고 잘 작동하지 않은 경우에는 수정해 봅시다.

A버튼을 눌러도 룰렛 방향키가 회전하지 않아요.

건전지 케이스의 전원을 켰는지 확인해 보세요.
프로그램에서 여러 방향으로 화살표를 출력해야 합니다. 복사하고
수정했는지 확인해 보세요.

B버튼을 눌러도 화살표가 멈추지 않아요.

'진행' 변수의 값이 '0' 이어야 합니다.
그리고 랜덤값을 정해서 화살표가 멈추는 데
0.5초 정도의 시간이 걸려요.

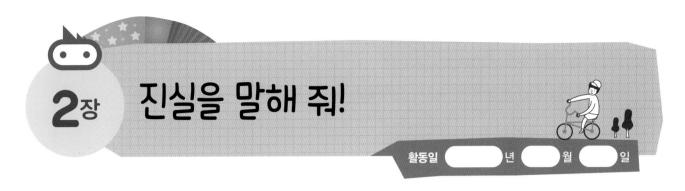

2장 진실을 말해 줘!

활동일 ⬭년 ⬭월 ⬭일

① 이번에는 무엇을 할까요?

진실의 입은 이탈리아 로마에 있는 대리석 가면으로, 거짓말인지 아닌지 알려준다는 전설이 있습니다. 진실의 입으로 친구의 말이 거짓인지 진실인지 알아볼까요?

하영이가 자꾸 거짓말을 하는 것 같아!

그럼, 거짓말 탐지기로 거짓말을 하는지 안 하는지 검사해 보면 되잖아!

우와~!

진실의 입이 진실이래!

이번 활동에서는 마이크로비트와 수분 센서를 이용하여 진실의 입을 만들어 보겠습니다.

② 준비해 보아요

활동을 해결하기 위해 활동 목표와 준비물을 확인해 보고, 결과 예시를 살펴봅시다.

활동 목표

❶ 마이크로비트에 수분 센서를 연결하고 값을 측정할 수 있다.
❷ 수분 센서의 측정값으로 참과 거짓을 판단하는 진실의 입을 만들 수 있다.

준비물　　마이크로비트와 관련 장치 및 만들기 재료를 확인합니다.

컴퓨터	USB 케이블	마이크로비트	건전지 케이스와 건전지
똑딱이 연결핀	점퍼 와이어(암-수)	수분 센서	가위
칼	테이프	종이컵	도안

　　마이크로비트와 입출력 장치 그리고 장치 연결에 필요한 준비물입니다.

　　메이킹에 필요한 준비물입니다.

작동시키는 순서대로 어떤 결과가 나타나는지 확인해 봅시다.

1 단계   A버튼을 누를 때

평상시 상태값을 측정하고 저장합니다.

2 단계   B버튼을 누를 때

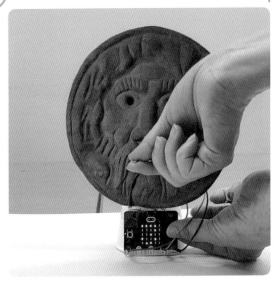

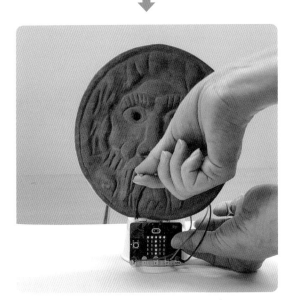

진실의 입이 참(TRUE) 또는 거짓(FALSE) 값을 나타 냅니다.

활동 시간은 50분 정도 소요됩니다.

③ 차근차근 알아보아요

프로그램을 작성하기 전에 하드웨어 구성과 프로그래밍 과정을 차근차근 알아봅시다.

■ 하드웨어 구성   이 활동에서 사용할 입출력 장치와 전체 구성을 살펴봅시다.

ⓠ 수분 센서는 어떻게 연결하나요?

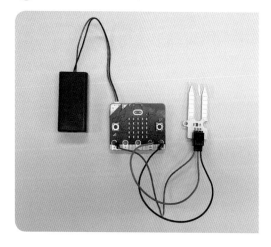

❶ 수분 센서에 점퍼 와이어(암–수)를 연결합니다.
❷ 마이크로비트에 똑딱이 연결핀을 꽂고 수분 센서를 연결합니다.

마이크로비트	수분 센서
P0	Ⓢ
3V	Ⓥ
GND	Ⓖ

❸ 마이크로비트와 건전지 케이스를 연결합니다.

ⓠ 수분 센서는 무엇인가요?

수분 센서는 토양 내 수분 함량에 따른 저항의 변화를 측정하는 센서입니다.

이 센서를 이용하여 거짓말을 하는 사람은 손에 땀이 나는 것을 가정하여 진실의 입에 응용할 수 있습니다. 수분 센서는 수분 함량이 많으면 저항값이 작아지고, 수분 함량이 적으면 저항값이 커집니다.

■ 프로그래밍 과정   프로그래밍 과정을 나열해 봅시다.

1단계   A버튼을 누르면 '일반' 변수에 수분 센서값 저장하고 출력하기

▼

2단계   B버튼을 누르면 '답변' 변수에 수분 센서값 저장하기

▼

3단계   '일반' 변수와 '답변' 변수를 비교하여 판단 결과 출력하기

이 활동에서 사용할 입출력 장치와 명령 블록을 살펴봅시다.

입력 장치를 알아볼까요?

수분 센서: 센서의 금속판을 만지면 손에 있는 수분의 양을 측정합니다. 이때, 아날로그 입력값을 이용하여 수분의 양을 측정합니다. 입력값은 수분의 양이 적을 때 값이 작아지고 수분의 양이 많을 때 값이 커집니다.

명령 블록

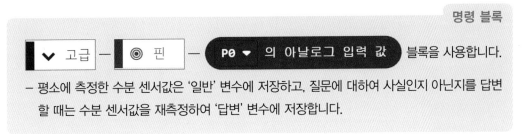 블록을 사용합니다.

− 평소에 측정한 수분 센서값은 '일반' 변수에 저장하고, 질문에 대하여 사실인지 아닌지를 답변할 때는 수분 센서값을 재측정하여 '답변' 변수에 저장합니다.

출력 장치를 알아볼까요?

LED 디스플레이: 마이크로비트는 전면에 5×5의 총 25개의 LED가 있으며 아이콘이나 문자열을 출력할 수 있습니다.

명령 블록

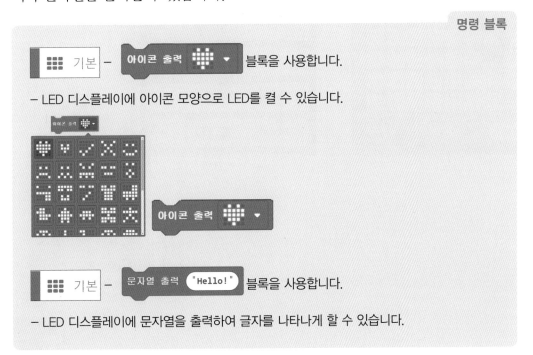

기본 − 아이콘 출력 블록을 사용합니다.

− LED 디스플레이에 아이콘 모양으로 LED를 켤 수 있습니다.

기본 − 문자열 출력 "Hello!" 블록을 사용합니다.

− LED 디스플레이에 문자열을 출력하여 글자를 나타나게 할 수 있습니다.

④ 프로그래밍해 보아요

자, 지금까지 알아 본 내용을 바탕으로 코딩해 봅시다.

1단계 A버튼을 누르면 '일반' 변수에 수분 센서값 저장하고 출력하기

변수 생성하기 일반   평상시 수분 측정값을 저장하는 변수

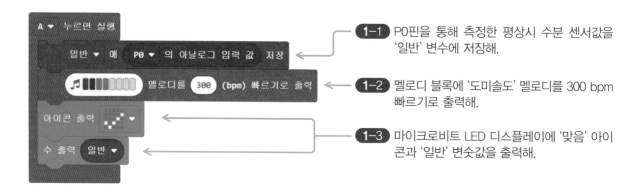

1-1 P0핀을 통해 측정한 평상시 수분 센서값을 '일반' 변수에 저장해.

1-2 멜로디 블록에 '도미솔도' 멜로디를 300 bpm 빠르기로 출력해.

1-3 마이크로비트 LED 디스플레이에 '맞음' 아이콘과 '일반' 변숫값을 출력해.

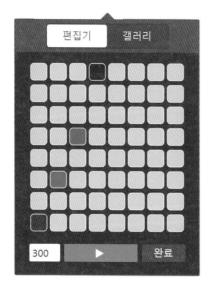

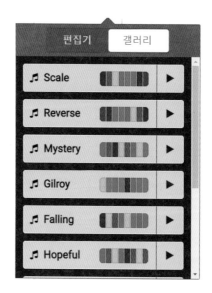

> 멜로디 편집기를 이용해서 음과 빠르기를 변경하거나 갤러리에 내장된 멜로디를 선택하여 재생할 수 있어요.

2단계 B버튼을 누르면 '답변' 변수에 수분 센서값 저장하기

변수 생성하기 답변 답변할 때 수분 측정값을 저장하는 변수

2-1 P0핀을 통해 측정한 답변 시 수분 센서값을 '답변' 변수에 저장해.

2-2 마이크로비트 LED 디스플레이에 '행복함' 아이콘을 출력해.

3단계 '일반' 변수와 '답변' 변수를 비교하여 판단 결과 출력하기

3-1 '일반' 변수와 '답변' 변수를 비교하여 **'일반' 변수가 '답변' 변수보다 작으면** 거짓(FALSE), 그렇지 않으면 참(TRUE)으로 판단해.

3-2 LED 디스플레이에 'FALSE' 또는 'TRUE' 문자열을 출력해.

3-3 수분 측정값인 '답변' 변숫값을 출력해.

2단계 코드에 이어서 코딩하세요.

진실의 입 만들기 과정

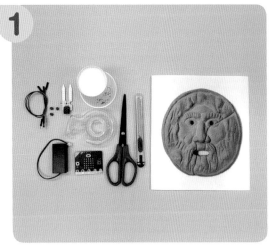

마이크로비트, 건전지 케이스, 수분 센서, 점퍼 와이어(암-수), 똑딱이 연결핀, 진실의 입 도안, 종이컵, 가위, 칼, 테이프를 준비합니다.

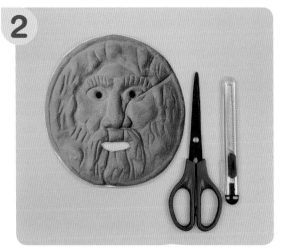

부록 203쪽의 진실의 입 도안을 가위로 오리고 입 모양은 칼로 구멍을 뚫습니다.

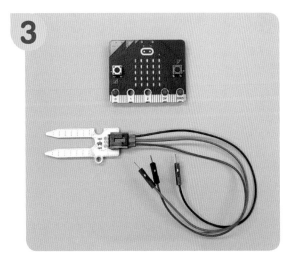

수분 센서에 점퍼 와이어(암-수)를 연결하고, 마이크로비트에는 똑딱이 연결핀을 끼웁니다.

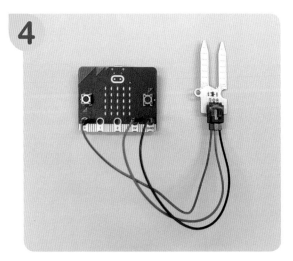

마이크로비트와 수분 센서를 연결합니다.

5

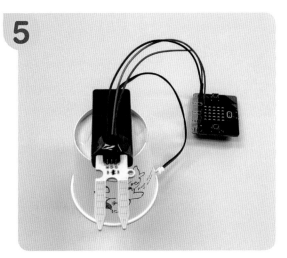

종이컵을 뒤집어서 건전지 케이스를 테이프로 붙여 고정하고 그 위에 수분 센서를 붙입니다.

6

진실의 입 부분으로 수분 센서가 나오도록 위치를 맞춰서 컵에 도안을 테이프로 고정합니다.

7

입에서 나온 건전지 케이블을 마이크로비트에 연결합니다.

8

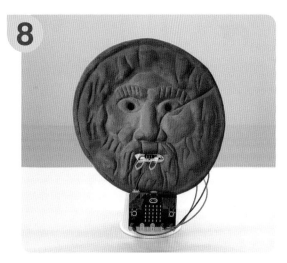

컵 앞면에 마이크로비트를 테이프로 고정하여 완성합니다.

확인해 보아요

완성된 프로그램을 실행해 보면서 실행 결과에 이상이 없는지 점검해 봅시다.

 실행하기　아래 항목이 잘 작동하는지 확인해 봅시다.

항목	예	아니요
❶ 수분 센서에 손가락을 대고 A버튼을 누르면 평상시의 수분 센서의 값이 화면에 출력되나요?	○	○
❷ 수분 센서에 손가락을 대고 문장을 말한 후 B버튼을 눌렀을 때, 수분 센서값에 따라 'TRUE' 또는 'FALSE' 문자열이 출력되나요?	○	○

 점검하기　아래 항목을 점검하고 잘 작동하지 않은 경우에는 수정해 봅시다.

진실의 입이 동작하지 않아요.

수분 센서에 손가락을 잘 위치했는지 확인해 보세요.

B버튼을 눌렀는데 계속 'FALSE'라고 나와요.

진실의 입 프로그래밍 코드가 논리적으로 잘 작성되었는지 확인해 보세요.

3장 음악에 맞춰 기울여 봐!

 이번에는 무엇을 할까요?

다른 사람이 악기를 연주하는 모습을 보면 나도 멋지게 악기를 연주하는 모습을 상상하게 됩니다. 나를 멋진 연주자로 만들어 주는 악기가 있다면 어떨까요?

악기를 연주하고 싶은데 새로 배우려니 너무 어려워.

쉽게 연주할 수 있는 악기가 있으면 좋을 텐데.

터치 센서와 버튼을 누르고 기울이니까 소리가 나는 악기가 되었네?!

 이번 활동에서는 마이크로비트의 A버튼과 터치 센서, 가속도 센서를 이용하여 기울이면 소리가 나는 나만의 악기를 만들어 보겠습니다.

❷ 준비해 보아요

활동을 해결하기 위해 활동 목표와 준비물을 확인해 보고, 결과 예시를 살펴봅시다.

활동 목표

❶ 기울기(가속도) 센서가 표현하는 각도의 범위를 이해할 수 있다.
❷ 기울기(가속도) 센서값에 따라 다른 음계를 출력하는 악기를 만들 수 있다.
❸ 터치 센서와 버튼을 눌러 악기를 연주할 수 있다.

준비물   마이크로비트와 관련 장치 및 만들기 재료를 확인합니다.

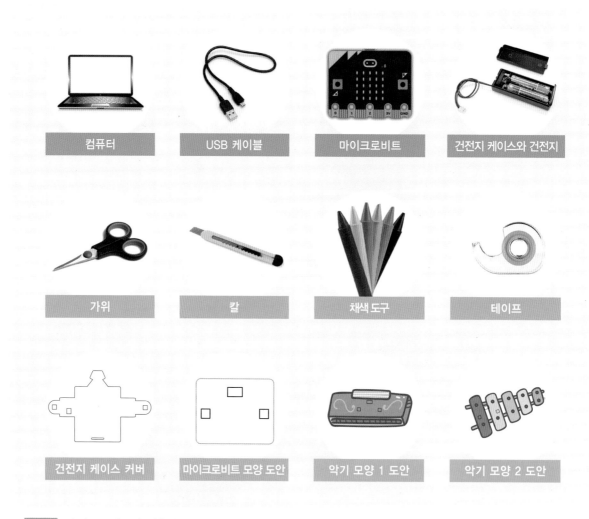

| 컴퓨터 | USB 케이블 | 마이크로비트 | 건전지 케이스와 건전지 |

| 가위 | 칼 | 채색 도구 | 테이프 |

| 건전지 케이스 커버 | 마이크로비트 모양 도안 | 악기 모양 1 도안 | 악기 모양 2 도안 |

마이크로비트와 입출력 장치 그리고 장치 연결에 필요한 준비물입니다.

메이킹에 필요한 준비물입니다.

작동시키는 순서대로 어떤 결과가 나타나는지 확인해 봅시다.

1 단계 │ 마이크로비트 전원을 켰을 때

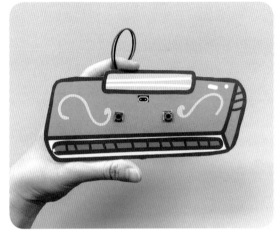

아무 소리도 나지 않습니다.

2 단계 │ 로고 센서를 터치하면서 동시에 A버튼을 누르고 기울기를 다르게 했을 때

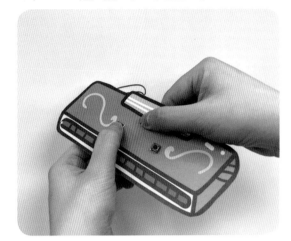

기울기에 따라 '도', '레', '미', '파' 음을 출력합니다.

3 단계 │ 로고 센서를 터치하면서 기울기를 다르게 했을 때

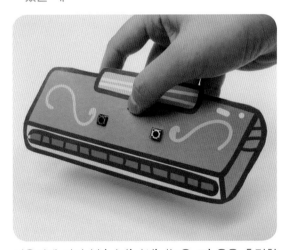

기울기에 따라 '솔', '라', '시', '높은 도' 음을 출력합니다.

활동 시간은 60분 정도 소요됩니다.

③ 차근차근 알아보아요

프로그램을 작성하기 전에 하드웨어 구성과 프로그래밍 과정을 차근차근 알아봅시다.

■ 하드웨어 구성 이 활동에서 사용할 입출력 장치와 전체 구성을 살펴봅시다.

Q 마이크로비트의 기울기(가속도) 센서는 어디에 있나요?

이번 활동에서는 외부 입출력 장치를 연결하지 않고, 마이크로비트에 내장되어 있는 기울기(가속도) 센서를 사용합니다.

마이크로비트의 기울기(가속도) 센서는 뒷면의 GND핀 바로 위쪽에 위치합니다.

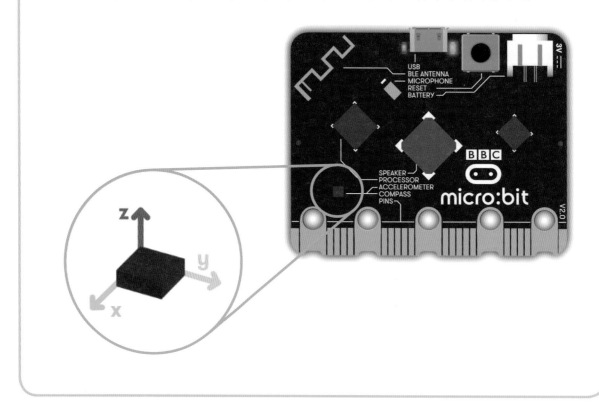

■ 프로그래밍 과정 프로그래밍 과정을 나열해 봅시다.

1단계 소리를 낼 수 있는 조건 설정하기

▼

2단계 로고 터치 상태에서 A버튼을 누르면 기울기에 따라 각각 다른 소리내기

▼

3단계 로고를 터치하면 기울기에 따라 각각 다른 소리내기

이 활동에서 사용할 입출력 장치와 명령 블록을 살펴봅시다.

입력 장치를 알아볼까요?

기울기(가속도) 센서: 물체의 기울기나 가속도를 측정하는 센서입니다.

특징	• X, Y, Z축 세 방향의 가속도를 측정하여 얼마만큼 기울어져 있는지 알 수 있습니다. • 마이크로비트의 기울기, 흔들림, 자유 낙하 등의 동작을 감지할 수 있습니다.

명령 블록

⊙ 입력 – [기울기센서 앞-뒤 ▼ 값(°)] 블록을 사용합니다.

– 앞뒤 혹은 좌우로 변경하여 기울기 센서값을 측정할 수 있습니다.

로고 터치 센서: 손가락 끝에 흐르는 정전기를 인식하는 센서입니다.

특징	• 마이크로비트 로고를 누르거나 터치했을 때 이를 감지할 수 있습니다. • 전기가 통하지 않는 가죽 장갑, 손톱, 플라스틱 제품 등으로는 조작이 불가능합니다.

명령 블록

⊙ 입력 – [로고 터치함 ▼ 시 실행] 블록을 사용합니다.

– 마이크로비트 로고 터치 상태에 따라 명령을 실행합니다.

가속도 센서값을 확인해 볼까요?

다음 프로그램을 작성한 후, 마이크로비트를 앞뒤로 기울여보며 LED 디스플레이에 출력되는 기울기(가속도) 센서값을 확인해 봅시다.

무한반복 실행
수 출력 [기울기센서 앞-뒤 ▼ 값(°)]

예 90보다 큼.

자, 지금까지 알아본 내용을 바탕으로 코딩해 봅시다.

1단계 소리를 낼 수 있는 조건 설정하기

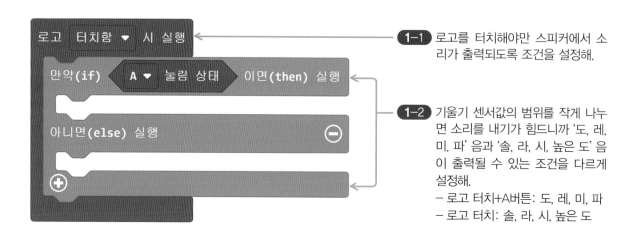

1-1 로고를 터치해야만 스피커에서 소리가 출력되도록 조건을 설정해.

1-2 기울기 센서값의 범위를 작게 나누면 소리를 내기가 힘드니까 '도, 레, 미, 파' 음과 '솔, 라, 시, 높은 도' 음이 출력될 수 있는 조건을 다르게 설정해.
- 로고 터치+A버튼: 도, 레, 미, 파
- 로고 터치: 솔, 라, 시, 높은 도

2단계 로고 터치 상태에서 A버튼을 누르면 기울기에 따라 각각 다른 소리내기

2-1 로고 터치 상태에서 A버튼을 눌렀을 때
- 기울기 센서값이 90보다 크면 도(1/2박자) 음을 출력해.
- 기울기 센서값이 90보다 작고 45보다 크면 레(1/2박자) 음을 출력해.
- 기울기 센서값이 45보다 작고 0보다 크면 미(1/2박자) 음을 출력해.
- 기울기 센서값이 0보다 작으면 파(1/2박자) 음을 출력해.

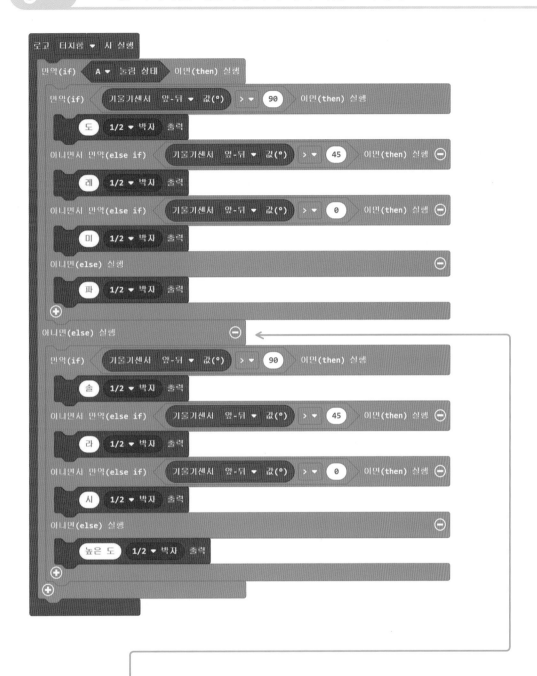

3-1 **로고만 터치한 상태일 때**
- 기울기 센서값이 90보다 크면 솔(1/2박자) 음을 출력해.
- 기울기 센서값이 90보다 작고 45보다 크면 라(1/2박자) 음을 출력해.
- 기울기 센서값이 45보다 작고 0보다 크면 시(1/2박자) 음을 출력해.
- 기울기 센서값이 0보다 작으면 높은 도(1/2 박자) 음을 출력해.

연주하고 싶은 음악에 맞춰 기울기 센서값의 범위와 음정을 자유롭게 바꿔보세요.

나만의 악기 만들기 과정

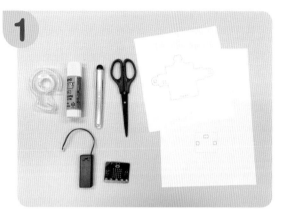

1

마이크로비트, 건전지 케이스, 카드 도안, 테이프, 가위, 칼을 준비합니다.

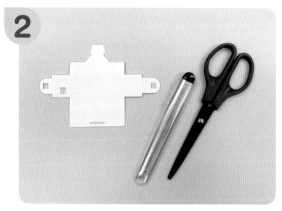

2

부록 205쪽의 마이크로비트 커버 도안을 자르는 선을 따라 오립니다.

칼 사용 시 안전사고에 유의하세요!

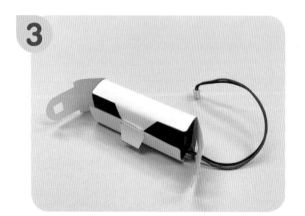

3

마이크로비트와 건전지를 넣은 건전지 케이스를 연결한 후, 마이크로비트 커버로 건전지 케이스를 감쌉니다.

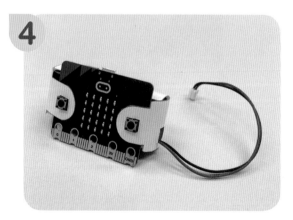

4

마이크로비트를 건전지 케이스 위에 놓고 커버 날개를 버튼에 끼워 고정합니다.

5

부록 205쪽의 마이크로비트 모양이나 207쪽의 악기 도안에서 터치 센서와 버튼 구멍을 칼로 뚫습니다.

6

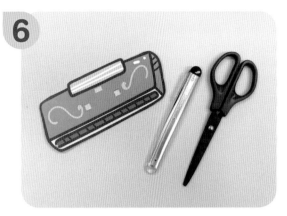

직접 그린 악기 그림이나 부록 207쪽의 악기 도안을 가위로 오립니다.

7

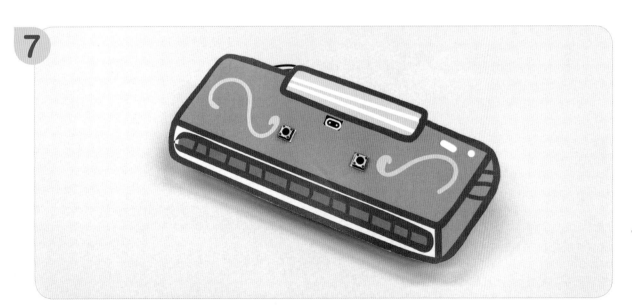

마이크로비트 버튼에 나만의 악기 도안을 끼우거나 테이프로 고정하여 만들기를 마무리합니다.

확인해 보아요

완성된 프로그램을 실행해 보면서 실행 결과에 이상이 없는지 점검해 봅시다.

실행하기 아래 항목이 잘 작동하는지 확인해 봅시다.

항목	예	아니요
❶ 터치 센서와 A버튼을 동시에 누르고 기울이면 기울기 각도값에 따라 '도', '레', '미', '파' 음이 출력되나요?	○	○
❷ 터치 센서를 누르고 기울이면 기울기 각도값에 따라 '솔', '라', '시', '높은 도' 음이 출력되나요?	○	○

점검하기 아래 항목을 점검하고 잘 작동하지 않은 경우에는 수정해 봅시다.

마이크로비트의 기울기를 다르게 했는데도 음계가
달라지지 않아요.

기울기 센서값의 범위를 알맞게 설정했는지 확인해 보세요.
범위가 서로 겹칠 경우 프로그래밍한 대로 소리가 나지 않을 수도
있어요.

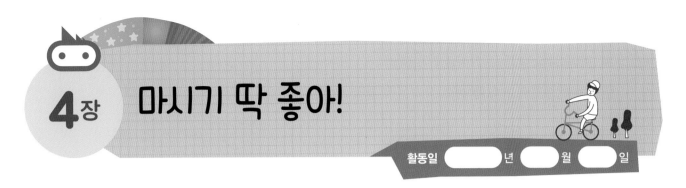

4장 마시기 딱 좋아!

활동일 ◯ 년 ◯ 월 ◯ 일

1 이번에는 무엇을 할까요?

음료가 너무 뜨거워서 놀란 적이 있나요? 음료가 마시기 딱 좋은 온도가 되었을 때
알려 주는 스마트컵 홀더를 만들어 볼까요?

앗! 뜨거워!

어떻게 하면
마시기 좋은 때를
알 수 있을까?

온도를 알아보기
쉽게 색으로 표현하는
컵 홀더는 어때?

 이번 활동에서는 마이크로비트의 온도 센서와 네오픽셀 LED를 이용하여 온도에 따라 색을
변화시키는 스마트컵 홀더를 만들어 보겠습니다.

활동을 해결하기 위해 활동 목표와 준비물을 확인해 보고, 결과 예시를 살펴봅시다.

 활동 목표

❶ 마이크로비트에 네오픽셀 링을 연결할 수 있다.
❷ 조건 블록을 사용하여 온도에 따라 네오픽셀 LED의 색을 다르게 표시할 수 있다.
❸ 온도 센서와 네오픽셀을 활용하여 스마트컵 홀더를 만들 수 있다.

준비물   마이크로비트와 관련 장치 및 만들기 재료를 확인합니다.

컴퓨터	USB 케이블	마이크로비트	건전지 케이스와 건전지
똑딱이 연결핀	점퍼 와이어(수-수)	네오픽셀 링	가위
칼	테이프	종이컵	도안

마이크로비트와 입출력 장치 그리고 장치 연결에 필요한 준비물입니다.

메이킹에 필요한 준비물입니다.

작동시키는 순서대로 어떤 결과가 나타나는지 확인해 봅시다.

1 단계 온도가 50도 이상일 때

마이크로비트 LED 디스플레이에 '틀림'() 아이콘이 출력되고, 네오픽셀 LED에서 빨간색 불이 켜집니다.

2 단계 온도가 30도 미만일 때

마이크로비트 LED 디스플레이에 '틀림'( ) 아이콘이 출력되고, 네오픽셀 LED에서 파란색 불이 켜집니다.

3 단계 마시기 좋은 온도(30~50도)일 때

마이크로비트 LED 디스플레이에 '하트'( ) 아이콘이 출력되고, 네오픽셀 LED에서 초록색 불이 켜집니다.
마이크로비트 스피커에서 효과음이 출력됩니다.

활동 시간은 45분 정도 소요됩니다.

3 차근차근 알아보아요

프로그램을 작성하기 전에 하드웨어 구성과 프로그래밍 과정을 차근차근 알아봅시다.

하드웨어 구성 이 활동에서 사용할 입출력 장치와 전체 구성을 살펴봅시다.

Q 네오픽셀은 어떻게 연결하나요?

마이크로비트의 P0, 3V, GND핀을 네오픽셀 링의 DI, V, G에 연결합니다.

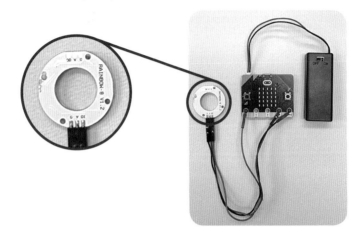

Q 네오픽셀 LED는 어떻게 작동하나요?

네오픽셀 LED는 LED의 한 가지 종류로 디지털 신호로 된 명령을 매우 빠르게 보낼 수 있습니다. 그래서 다른 LED와는 다르게 수십 개 이상 연결된 LED를 네오픽셀의 단 세 개 전선으로 원하는 대로 제어할 수 있습니다.

마이크로비트	네오픽셀
P0	DI
3V	V
GND	G

프로그래밍 과정 프로그래밍 과정을 나열해 봅시다.

1단계 네오픽셀 설정하기

▼

2단계 마이크로비트의 온도 센서값에 따라 네오픽셀 색 바꾸고 소리 출력하기

이 활동에서 사용할 입출력 장치와 명령 블록을 살펴봅시다.

입력 장치를 알아볼까요?

온도 센서: 온도를 감지하여 전기 신호로 변환하는 센서입니다.

특징	• 온도가 높을수록 값이 커집니다. • 온도 센서는 섭씨 −5에서 섭씨 50도 사이의 값을 가집니다.

명령 블록

⊙ 입력 — 온도센서 값(°C) 블록을 사용합니다.

출력 장치를 알아볼까요?

네오픽셀: Adafruit사에서 붙인 이름으로, WS281x 칩이 내장된 LED를 말합니다.

특징	• 각각의 LED에 대한 개별 제어가 가능하며 연결하기가 쉽습니다. • 네오픽셀은 연결된 LED에 따라 다양한 모양이 존재합니다.

명령 블록

Neopixel — strip ▼ 에 NeoPixel at pin P0 ▼ with 24 leds as RGB (GRB format) ▼ 저장 블록을 사용합니다.

– 마이크로비트의 핀 연결 번호와 네오픽셀 정보를 저장합니다.

Neopixel — strip ▼ show color red ▼ 블록을 사용합니다.

– 네오픽셀 LED의 색을 출력합니다.

스피커: 내장 스피커로 원하는 소리를 출력할 수 있습니다.

명령 블록

♩ 음악 — 키득키득 ▼ 효과음 끝까지 출력 블록을 사용합니다.

– 효과음이 끝날 때까지 기다립니다.

자, 지금까지 알아본 내용을 바탕으로 코딩해 봅시다.

Q 온도에 따라 다른 색을 표현하기 위해 사용할 블록은 무엇인가요?

조건이 참이거나 거짓일 때 사용하며, 조건이 여러 개일 때 ⊕를 클릭하면 조건이 추가로 생성됩니다. 또한 두 값의 크기를 비교하는 비교 연산 블록도 필요합니다.

Q 네오픽셀 확장 블록을 추가하려면 어떻게 해야 하나요?

네오픽셀 LED를 제어하려면 확장 블록을 사용해야 합니다. 확장 블록을 추가하는 방법은 다음과 같습니다.

❶ 메이크코드에 접속하여 [고급] 버튼을 클릭한 뒤, 메뉴 하단에 있는 [확장] 버튼을 클릭합니다.

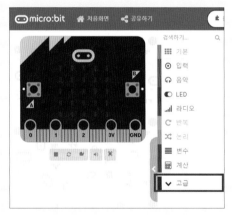

❸ [neopixel]을 선택합니다.

❹ 명령 블록 칸에 [Neopixel] 꾸러미가 추가된 것을 확인할 수 있습니다.

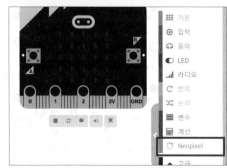

Q 네오픽셀 LED를 사용하기 위해 필요한 블록은 무엇인가요?

네오픽셀 LED를 사용하기 위해서는 아래와 같이 어떤 네오픽셀 LED가 연결되어 있는지 정보를 입력하고, 이를 변수에 저장하는 명령을 실행해야 합니다.

명령 블록

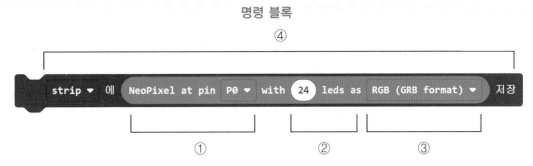

위 명령 블록은 아래의 명령을 수행합니다.

① 마이크로비트의 P0핀에 연결된 네오픽셀은

② 24개의 LED가 연결된 네오픽셀이고

③ 각각의 LED는 RGB(RGB format) 형태입니다.

④ 이 정보를 'strip' 변수에 저장합니다.

'strip' 변수에 저장되어 있는 네오픽셀 LED가 무지개 색으로 빛납니다(색 범위: 1~360).

'strip' 변수에 저장되어 있는 네오픽셀 LED가 각각 한 개씩 순서대로 빛납니다.

'strip' 변수에 저장되어 있는 네오픽셀에 변경 사항을 적용합니다.

1~360은 그러데이션(숫자가 작을수록 빨간색에 가까워지고 숫자가 클수록 파란색에 가까워짐.) 범위를 나타내요.

Q 네오픽셀의 종류를 알아볼까요?

네오픽셀은 스트립, 링, 매트릭스, 스틱형 등의 다양한 제품이 있습니다.

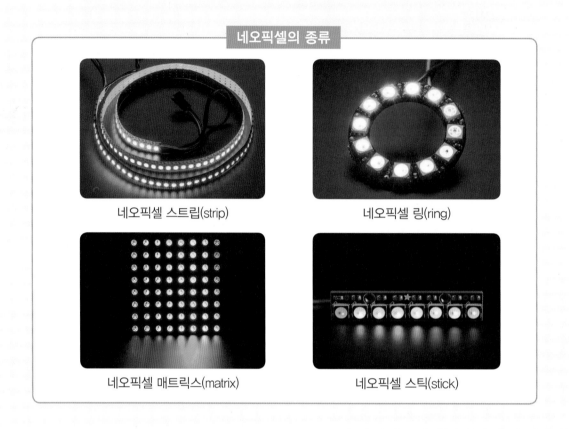

네오픽셀의 종류

네오픽셀 스트립(strip)

네오픽셀 링(ring)

네오픽셀 매트릭스(matrix)

네오픽셀 스틱(stick)

1단계 **네오픽셀 설정하기**

변수 생성하기

swich	네오픽셀을 켜고 끄는 데 사용하는 변수(1일 때 끄고 0일 때 켬.)
strip	네오픽셀 LED의 설정을 저장하는 변수

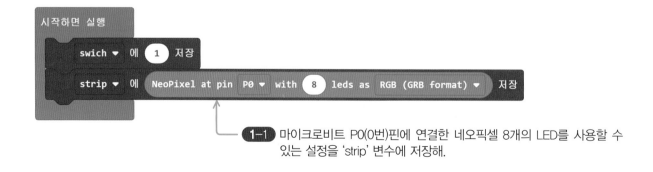

시작하면 실행

swich ▼ 에 1 저장

strip ▼ 에 NeoPixel at pin P0 ▼ with 8 leds as RGB (GRB format) ▼ 저장

1-1 마이크로비트 P0(0번)핀에 연결한 네오픽셀 8개의 LED를 사용할 수 있는 설정을 'strip' 변수에 저장해.

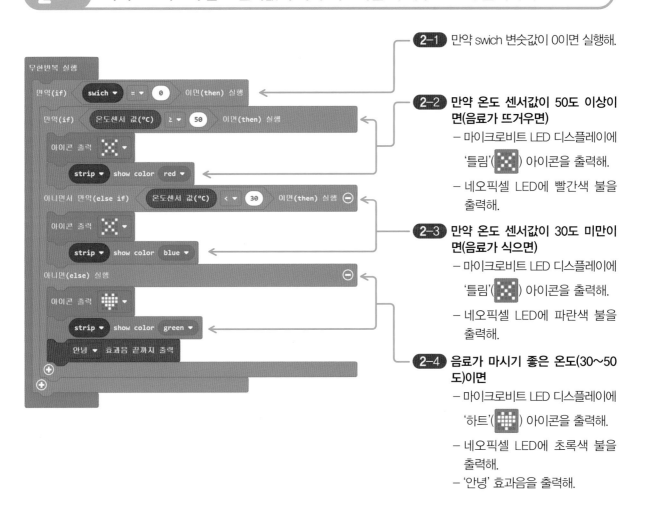

2-1 만약 swich 변숫값이 0이면 실행해.

2-2 만약 온도 센서값이 50도 이상이면(음료가 뜨거우면)
- 마이크로비트 LED 디스플레이에 '틀림'( ) 아이콘을 출력해.
- 네오픽셀 LED에 빨간색 불을 출력해.

2-3 만약 온도 센서값이 30도 미만이면(음료가 식으면)
- 마이크로비트 LED 디스플레이에 '틀림'( ) 아이콘을 출력해.
- 네오픽셀 LED에 파란색 불을 출력해.

2-4 음료가 마시기 좋은 온도(30~50도)이면
- 마이크로비트 LED 디스플레이에 '하트'( ) 아이콘을 출력해.
- 네오픽셀 LED에 초록색 불을 출력해.
- '안녕' 효과음을 출력해.

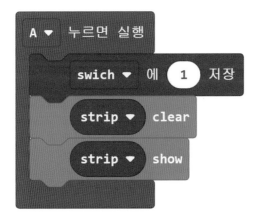

2-5 A버튼을 누르면
- 'swich' 변수에 1을 저장해서 온도 감지를 멈춰.
- 네오픽셀 LED를 꺼.('strip' 변수에 들어 있는 정보를 삭제한 후, 네오픽셀에 변경 사항을 적용해.)

2-6 B버튼을 누르면
- 'swich' 변수에 0을 저장해서 온도 감지를 시작해.

스마트컵 홀더 만들기 과정

1

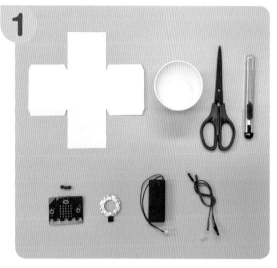

마이크로비트, 건전지 케이스, 점퍼 와이어(수-수), 네오픽셀 링, 가위와 칼, 테이프, 종이컵, 도안을 준비합니다.

2

종이컵 바닥에 네오픽셀 링을 끼울 수 있도록 칼로 □□□을 잘라 공간을 만듭니다.

3

마이크로비트와 네오픽셀, 건전지 케이스를 결합한 뒤, 종이컵 바닥에 네오픽셀을 고정합니다.

4

종이컵 옆면에 마이크로비트를 테이프로 고정합니다.

5

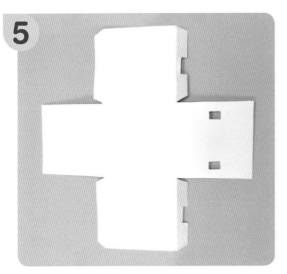

부록 209쪽의 도안을 자르고 마이크로비트의 버튼 구멍을 뚫습니다.

6

테이프를 이용해 상자 모양을 만듭니다.

7

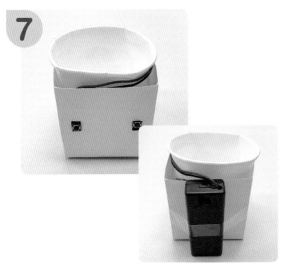

4 에서 만든 것을 상자에 넣고 뚫어 놓은 구멍에 마이크로비트 버튼을 끼워 넣습니다.
상자 뒷면에 건전지 케이스를 테이프로 고정합니다.

8

뜨거운 물을 담은 종이컵을 컵 홀더에 넣고 작동시킵니다.

확인해 보아요

완성된 프로그램을 실행해 보면서 실행 결과에 이상이 없는지 점검해 봅시다.

실행하기   아래 항목이 잘 작동하는지 확인해 봅시다.

항목	예	아니요
❶ 뜨거운 음료이면 마이크로비트 LED 디스플레이에 '틀림'() 아이콘이 출력되고, 네오픽셀 LED에 빨간색 불이 출력되나요?	○	○
❷ 차가운 음료이면 마이크로비트 LED 디스플레이에 '틀림'( ) 아이콘이 출력되고, 네오픽셀 LED에 파란색 불이 출력되나요?	○	○
❸ 마시기 좋은 음료이면 마이크로비트 LED 디스플레이에 '하트'( ) 아이콘이 출력되고, 네오픽셀 LED에 초록색 불이 출력되나요?	○	○
❹ 마시기 좋은 음료이면 마이크로비트 스피커에서 효과음이 출력되나요?	○	○

점검하기   아래 항목을 점검하고 잘 작동하지 않은 경우에는 수정해 봅시다.

네오픽셀 LED에서 빛이 출력되지 않아요.

건전지 케이스의 전원을 켰는지 확인해 보세요. 또한 네오픽셀 링과 마이크로비트가 정확하게 연결되어 있는지 확인해 보세요.

온도에 따라 색이 변하지 않아요.

마이크로비트의 온도 센서를 종이컵에 밀착하여 고정했는지 확인해 보세요. 또한 메이크코드의 조건식이 올바르게 되어 있는지 확인해 보세요.

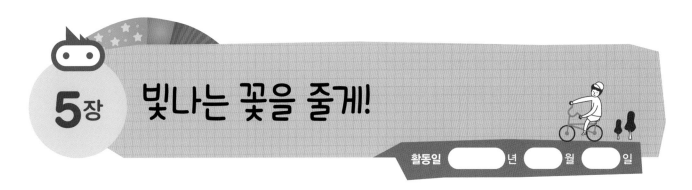

5장 빛나는 꽃을 줄게!

① 이번에는 무엇을 할까요?

어린 왕자가 사는 소행성에는 빛나는 꽃 한 송이가 있습니다. 이 빛나는 꽃 한 송이를
카드에 담아 소중한 사람에게 선물해 볼까요?

> 이번 활동에서는 마이크로비트의 터치 센서와 네오픽셀 LED를 이용하여 펼치면 빛나는 꽃이 나타나는
> 팝업 카드를 만들어 보겠습니다.

② 준비해 보아요

활동을 해결하기 위해 활동 목표와 준비물을 확인해 보고, 결과 예시를 살펴봅시다.

🎯 활동 목표

❶ 마이크로비트에 네오픽셀 LED를 연결할 수 있다.
❷ 마이크로비트의 터치 센서를 이용하여 네오픽셀 LED의 색과 밝기를 다르게 표시할 수 있다.
❸ 은박 테이프로 간단한 스위치를 만들고, 이를 활용하여 펼쳤을 때 빛이 나는 카드를 만들 수 있다.

✅ 준비물　　마이크로비트와 관련 장치 및 만들기 재료를 확인합니다.

| 컴퓨터 | USB 케이블 | 마이크로비트 | 건전지 케이스와 건전지 |

| 똑딱이 연결핀 | 점퍼 와이어(암−수) | 네오픽셀 링 | 은박 테이프 |

| 가위와 칼 | 테이프와 풀 | 채색 도구 | 도안 |

　　마이크로비트와 입출력 장치 그리고 장치 연결에 필요한 준비물입니다.

　　메이킹에 필요한 준비물입니다.

① 단계 카드를 접었을 때

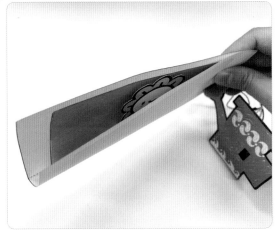

네오픽셀 LED가 꺼집니다.

② 단계 카드를 펼쳤을 때

네오픽셀 LED가 무지개 색으로 빛납니다.

③ 단계 물뿌리개를 잡고 꽃에 물을 주었을 때

네오픽셀 LED의 색과 밝기가 변합니다.

활동 시간은 40분 정도 소요됩니다.

3 차근차근 알아보아요

프로그램을 작성하기 전에 하드웨어 구성과 프로그래밍 과정을 차근차근 알아봅시다.

하드웨어 구성 이 활동에서 사용할 입출력 장치와 전체 구성을 살펴봅시다.

Q 은박 테이프로 어떻게 스위치를 만들 수 있나요?

마이크로비트의 핀을 이용하여 회로가 연결되었는지(전기가 통하는지) 확인할 수 있습니다. 은박 테이프는 전기가 잘 통하기 때문에 서로 떼었다 붙였다하면 스위치처럼 사용할 수 있습니다.

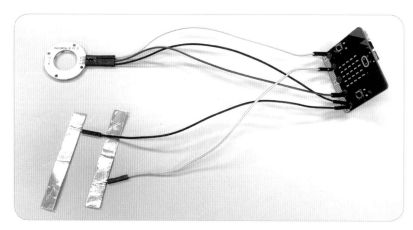

마이크로비트와 네오픽셀 링

마이크로비트	네오픽셀 링
P0	DI
3V	V
GND	G

마이크로비트와 은박 테이프

마이크로비트	은박1	은박2
P1	⊕	
GND		⊖

프로그래밍 과정 프로그래밍 과정을 나열해 봅시다.

1단계 네오픽셀 설정하기

▼

2단계 은박 테이프 스위치가 연결되어 있다면 네오픽셀 LED 끄기

3단계 물뿌리개의 손잡이를 만지면 네오픽셀 LED의 색과 밝기 바꾸기

4단계 은박 테이프 스위치가 연결되어 있지 않다면 네오픽셀 LED 켜기

입력 장치를 알아볼까요?

정전식 터치 센서: 새로운 마이크로비트에는 손가락 끝에 흐르는 정전기를 인식하는 방식의 정전식 터치 센서가 있습니다. 로고를 누르거나 살짝 터치하거나 길게 눌러서 값을 입력할 수 있습니다.

명령 블록

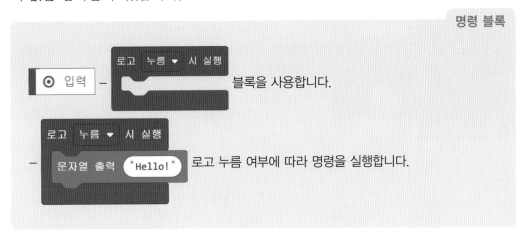

◎ 입력 — 로고 누름 ▼ 시 실행 블록을 사용합니다.

로고 누름 ▼ 시 실행 / 문자열 출력 "Hello!" 로고 누름 여부에 따라 명령을 실행합니다.

출력 장치를 알아볼까요?

네오픽셀 LED: 네오픽셀 LED는 빨강(R), 초록(G), 파랑(B)의 조합으로 다양한 색을 표현할 수 있는 장치입니다. 디지털 신호로 된 명령을 매우 빠르게 보내는 방식으로 작동하기 때문에 3가닥의 선으로 수백 개의 LED를 제어할 수 있습니다.

활용 사례

여러 개의 LED 조명이 필요한 곳에 사용합니다.

네오픽셀로 만든 빛나는 왕관

네오픽셀로 만든 LED 플라워
(학생 작품)

④ 프로그래밍해 보아요

자, 지금까지 알아본 내용을 바탕으로 코딩해 봅시다.

1단계 네오픽셀 설정하기

변수 생성하기 | bright | 로고 터치 시 네오픽셀 LED의 색과 밝기를 조절하는 변수

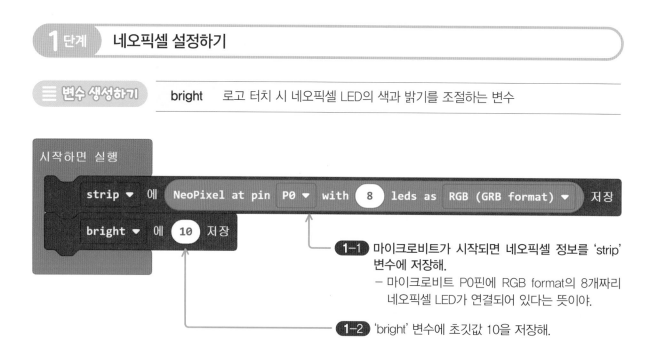

1-1 마이크로비트가 시작되면 네오픽셀 정보를 'strip' 변수에 저장해.
- 마이크로비트 P0핀에 RGB format의 8개짜리 네오픽셀 LED가 연결되어 있다는 뜻이야.

1-2 'bright' 변수에 초깃값 10을 저장해.

2단계 은박 테이프 스위치가 연결되어 있다면 네오픽셀 LED 끄기

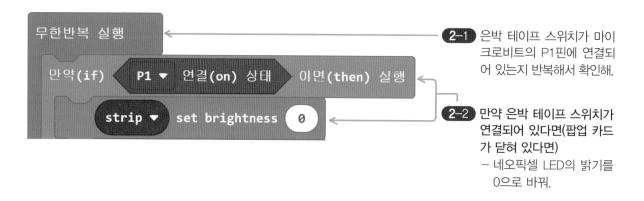

2-1 은박 테이프 스위치가 마이크로비트의 P1핀에 연결되어 있는지 반복해서 확인해.

2-2 만약 은박 테이프 스위치가 연결되어 있다면(팝업 카드가 닫혀 있다면)
- 네오픽셀 LED의 밝기를 0으로 바꿔.

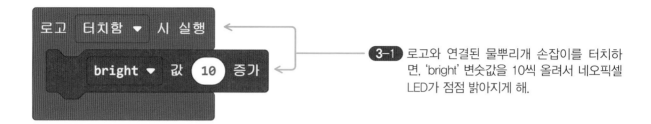

3-1 로고와 연결된 물뿌리개 손잡이를 터치하면, 'bright' 변숫값을 10씩 올려서 네오픽셀 LED가 점점 밝아지게 해.

4-1 네오픽셀 LED를 1부터 'bright' 변숫값만큼의 무지개 빛 범위로 밝혀.

4-2 네오픽셀 LED의 밝기를 'bright' 변숫값으로 바꿔.

4-3 네오픽셀 LED를 켜.

2단계 코드에 이어서
4단계 를 코딩하세요.

빛나는 꽃 한 송이 만들기 과정

1

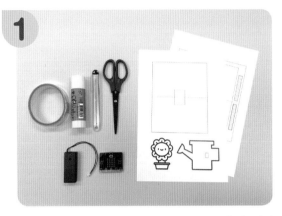

마이크로비트, 건전지 케이스, 카드 도안, 은박 테이프, 가위, 칼, 풀을 준비합니다.

2

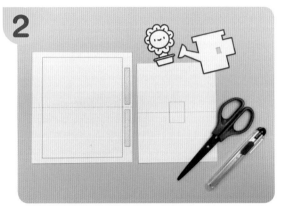

부록 211~215쪽의 도안을 오립니다. 마이크로비트의 터치 센서를 만질 수 있도록 물뿌리개에 구멍을 뚫어 준비합니다.

3

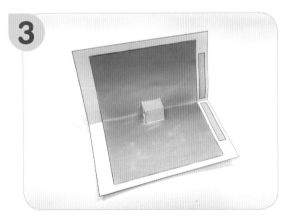

카드 바깥쪽 도안을 접는 선대로 접고, 카드 안쪽 도안을 다음과 같이 붙여서 입체 카드 형태를 만듭니다.

4

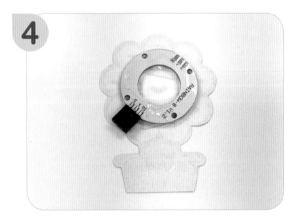

테이프를 이용하여 꽃의 뒷면에 네오픽셀 LED를 붙입니다.

5

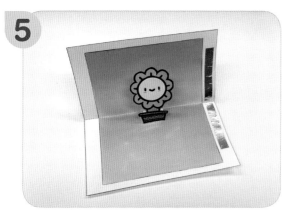

카드를 접었을 때 맞닿는 위치에 은박 테이프를 붙입니다.

6

점퍼 와이어가 은박 테이프와 닿아 있게끔 놓고 테이프로 고정합니다.

7

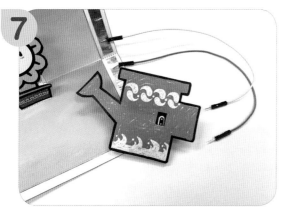

마이크로비트와 물뿌리개 도안을 터치 센서 구멍에 맞춰 테이프로 고정합니다.

8

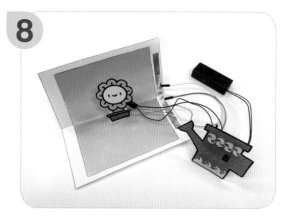

네오픽셀 LED, 은박 테이프와 연결되어 있는 점퍼 와이어를 마이크로비트와 바르게 연결하여 만들기를 마무리합니다.

⑤ 확인해 보아요

완성된 프로그램을 실행해 보면서 실행 결과에 이상이 없는지 점검해 봅시다.

 **실행하기**　　아래 항목이 잘 작동하는지 확인해 봅시다.

항목	예	아니요
❶ 팝업 카드를 닫으면 네오픽셀 LED가 꺼지나요?	○	○
❷ 팝업 카드를 열면 네오픽셀 LED가 켜지나요?	○	○
❸ 물뿌리개의 손잡이를 만지면 네오픽셀 LED의 색과 밝기가 바뀌나요?	○	○

 점검하기　　아래 항목을 점검하고 잘 작동하지 않은 경우에는 수정해 봅시다.

네오픽셀 LED가 켜지지 않아요.

우선 마이크로비트와 네오픽셀이 바르게 연결되었는지 확인한 후, 이상이 없다면 프로그래밍할 때 핀 번호를 정확하게 입력했는지 확인하세요.

팝업 카드를 닫아도 네오픽셀 LED가 꺼지지 않아요.

점퍼 와이어와 은박 테이프 스위치가 잘 연결되어 있는지 확인하세요.

6장 컬러 세러피 무드등이 필요해!

 이번에는 무엇을 할까요?

색깔을 활용한 컬러 세러피로 몸과 마음을 치유할 수 있다고 합니다.
우리도 컬러 세러피 무드등을 만들어 기분 전환을 해 볼까요?

색으로 기분을 편안하게 하는 컬러 세러피가 있대.

그럼 저기 있는 빛으로 기분 전환해 볼까?

기분 전환에 도움이 되는 컬러 세러피 무드등은 어때?

 이번 활동에서는 마이크로비트의 LED 디스플레이와 네오픽셀 LED를 이용하여 컬러 세러피 무드등을 만들어 보겠습니다.

활동을 해결하기 위해 활동 목표와 준비물을 확인해 보고, 결과 예시를 살펴봅시다.

활동 목표

❶ 마이크로비트에 네오픽셀 링을 연결할 수 있다.
❷ 기울기(가속도) 센서를 이용하여 네오픽셀 LED의 색을 다르게 표시할 수 있다.
❸ 기울기(가속도) 센서와 네오픽셀 링을 이용하여 컬러 세러피 무드등을 만들 수 있다.

준비물

마이크로비트와 관련 장치 및 만들기 재료를 확인합니다.

| 컴퓨터 | USB 케이블 | 마이크로비트 | 건전지 케이스와 건전지 |

| 똑딱이 연결핀 | 점퍼 와이어(수-수) | 네오픽셀 링 | 가위 |

| 칼 | 테이프 | 풀 | 도안 |

마이크로비트와 입출력 장치 그리고 장치 연결에 필요한 준비물입니다.

메이킹에 필요한 준비물입니다.

1 단계 마이크로비트가 박수 소리를 감지했을 때

마이크로비트 LED 디스플레이에 '틀림' 아이콘이 출력되고, 네오픽셀 LED가 꺼집니다.

2 단계 A버튼을 누를 때

마이크로비트 LED 디스플레이에 '작은 다이아몬드' 아이콘이 출력되고, 네오픽셀 LED에 흰색 불이 켜집니다.

3 단계 왼쪽으로 기울일 때

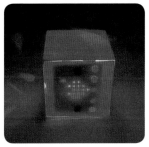

마이크로비트 LED 디스플레이에 '하트' 아이콘이 출력되고, 네오픽셀 LED에 빨간색 불이 켜집니다.

4 단계 오른쪽으로 기울일 때

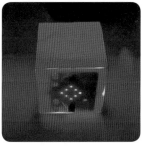

마이크로비트 LED 디스플레이에 '다이아몬드' 아이콘이 출력되고, 네오픽셀 LED에 보라색 불이 켜집니다.

5 단계 앞으로 기울일 때

마이크로비트 LED 디스플레이에 '삼각형' 아이콘이 출력되고, 네오픽셀 LED에 파란색 불이 켜집니다.

6 단계 뒤로 기울일 때

마이크로비트 LED 디스플레이에 '체스판' 아이콘이 출력되고, 네오픽셀 LED에 초록색 불이 켜집니다.

> 활동 시간은 45분 정도 소요됩니다.

③ 차근차근 알아보아요

프로그램을 작성하기 전에 하드웨어 구성과 프로그래밍 과정을 차근차근 알아봅시다.

하드웨어 구성 이 활동에서 사용할 입출력 장치와 전체 구성을 살펴봅시다.

Q 마이크로비트의 마이크 센서는 어디에 있나요?

마이크로비트의 P0, 3V, GND핀을 네오픽셀 링의 DI, V, G에 연결합니다.

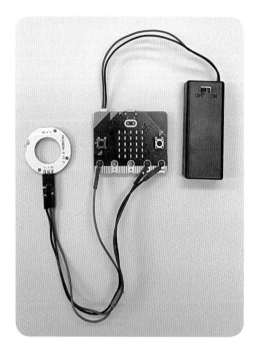

네오픽셀 링	DI	V	G
마이크로비트	P0	3V	GND

마이크 센서

프로그래밍 과정 프로그래밍 과정을 나열해 봅시다.

1단계 마이크 센서가 박수 소리를 감지했을 때 네오픽셀 끄기

▼

2단계 A버튼을 누르면 네오픽셀의 LED를 흰색 불로 바꾸기

▼

3단계 마이크로비트의 기울임 방향에 따라 네오픽셀의 LED 색 바꾸기

이 활동에서 사용할 입출력 장치와 명령 블록을 살펴봅시다.

입력 장치를 알아볼까요?

마이크 센서: 소리를 전기 신호로 변환해 주는 장치로 소리의 세기를 측정할 수 있습니다.

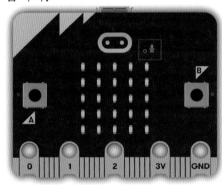

특징	• 마이크 센서로 소리를 측정할 때 마이크 LED가 켜집니다. • 마이크 LED의 바로 왼쪽에 소리가 입력되는 작은 구멍이 있습니다.

명령 블록

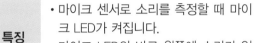

⊙ 입력 — 소리 크기 블록을 사용합니다.

활용 사례

▲박수 소리를 인식하여 춤을 추는 인형　　▲박수 소리를 인식하여 켜지거나 꺼지는 조명

기울기(가속도) 센서: 물체의 기울기나 가속도를 측정하는 센서입니다.

출력 장치를 알아볼까요?

네오픽셀 LED: 여러 개의 LED를 연결한 장치로 다양한 색을 표현할 수 있습니다.

명령 블록

strip ▼ 에 NeoPixel at pin P0 ▼ with 24 leds as RGB (GRB format) ▼ 저장 블록을 사용합니다.

④ 프로그래밍해 보아요

자, 지금까지 알아본 내용을 바탕으로 코딩해 봅시다.

1단계 마이크 센서가 박수 소리를 감지했을 때 네오픽셀 끄기

1-1 마이크로비트 P0핀에 연결한 네오픽셀 8개의 LED를
사용할 수 있는 설정을 'strip' 변수에 저장해.

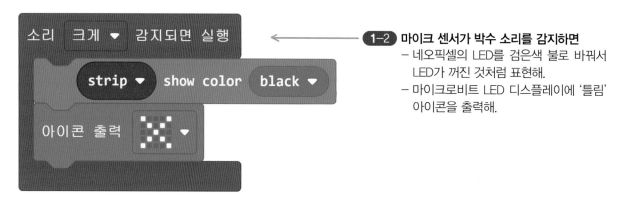

1-2 마이크 센서가 박수 소리를 감지하면
 - 네오픽셀의 LED를 검은색 불로 바꿔서
   LED가 꺼진 것처럼 표현해.
 - 마이크로비트 LED 디스플레이에 '틀림'
   아이콘을 출력해.

2단계 A버튼을 누르면 네오픽셀의 LED를 흰색 불로 바꾸기

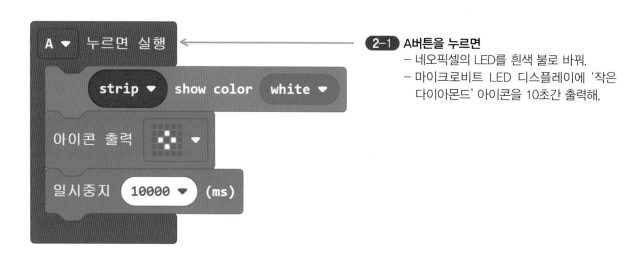

2-1 A버튼을 누르면
 - 네오픽셀의 LED를 흰색 불로 바꿔.
 - 마이크로비트 LED 디스플레이에 '작은
   다이아몬드' 아이콘을 10초간 출력해.

마이크로비트의 기울임 방향에 따라 네오픽셀의 LED 색 바꾸기

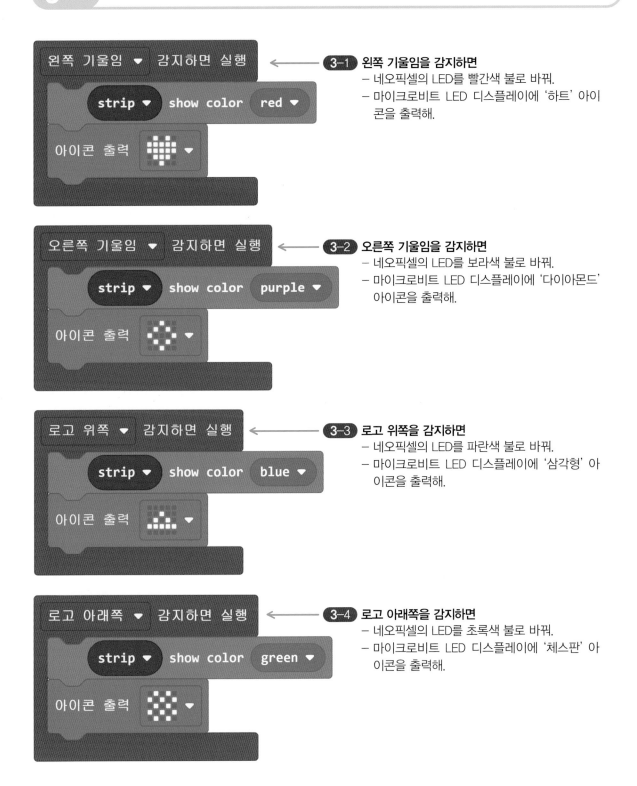

3-1 왼쪽 기울임을 감지하면
- 네오픽셀의 LED를 빨간색 불로 바꿔.
- 마이크로비트 LED 디스플레이에 '하트' 아이콘을 출력해.

3-2 오른쪽 기울임을 감지하면
- 네오픽셀의 LED를 보라색 불로 바꿔.
- 마이크로비트 LED 디스플레이에 '다이아몬드' 아이콘을 출력해.

3-3 로고 위쪽을 감지하면
- 네오픽셀의 LED를 파란색 불로 바꿔.
- 마이크로비트 LED 디스플레이에 '삼각형' 아이콘을 출력해.

3-4 로고 아래쪽을 감지하면
- 네오픽셀의 LED를 초록색 불로 바꿔.
- 마이크로비트 LED 디스플레이에 '체스판' 아이콘을 출력해.

컬러 세러피 무드등 만들기 과정

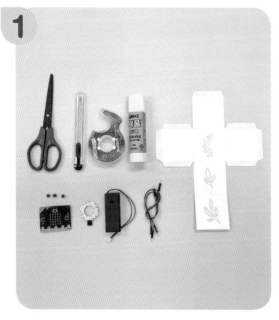

마이크로비트, 건전지 케이스, 점퍼 와이어(수-수), 네오픽셀 링, 가위, 칼, 테이프, 풀, 도안을 준비합니다.

부록 217쪽의 도안을 가위로 잘라서 준비합니다.

도안을 예쁘게 꾸미고, 마이크로비트의 버튼 구멍을 뚫습니다.

풀과 테이프를 이용하여 도안을 직육면체로 만듭니다. 이때 마이크로비트를 고정할 직육면체의 한 면은 붙이지 않습니다.

결합하기 전에
마이크로비트에 프로그래밍한
파일을 업로드하세요.

5

마이크로비트와 네오픽셀 링, 건전지 케이스를 연결한 뒤, 마이크로비트의 버튼을 구멍에 맞추고 테이프로 고정합니다.

6

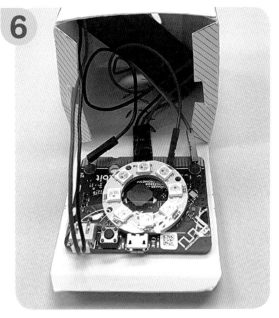

네오픽셀 링과 건전지 케이스를 직육면체 안에 넣고 테이프로 고정합니다.

7

풀과 테이프를 이용하여 직육면체의 나머지 면도 붙입니다.

8

불을 끄고 컬러 세러피 무드등을 작동시킵니다.

확인해 보아요

완성된 프로그램을 실행해 보면서 실행 결과에 이상이 없는지 점검해 봅시다.

실행하기   아래 항목이 잘 작동하는지 확인해 봅시다.

항목	예	아니요
❶ 마이크로비트가 박수 소리를 감지하면 마이크로비트 LED 디스플레이에 '틀림' 아이콘이 출력되고 네오픽셀 LED의 불이 꺼지나요?	○	○
❷ A버튼을 누르면 네오픽셀의 LED에 흰색 불이 출력되나요?	○	○
❸ 컬러 세러피 무드등을 앞–뒤 혹은 좌–우로 기울이면 LED의 색이 변하나요?	○	○

 점검하기   아래 항목을 점검하고 잘 작동하지 않은 경우에는 수정해 봅시다.

컬러 세러피 무드등을 기울여도 색이 변하지 않아요.

`기울기센서 앞-뒤 ▼ 값(°)` 블록이 제대로 들어가 있는지 확인해 보세요.

A버튼을 눌러도 네오픽셀의 LED가 흰색 불로 변하지 않아요.

일시 중지 시간이 10000ms인지 확인해 보세요.

7장 자벌레가 꿈틀거려!

① 이번에는 무엇을 할까요?

로봇은 사람의 모습을 모방하여 만들었습니다. 우리도 자연 속 동물의 모습을 모방한 로봇을 만들어 볼까요?

관절이 많지 않으니까 어렵진 않겠는데?

자벌레의 움직임이 재밌네. 장난감으로 만들고 싶다.

꿈틀꿈틀 자벌레 로봇을 만들어서 같이 노는 것은 어때?

 이번 활동에서는 마이크로비트와 서보모터를 이용하여 꿈틀꿈틀 기어가는 자벌레를 만들어 보겠습니다.

활동을 해결하기 위해 활동 목표와 준비물을 확인해 보고, 결과 예시를 살펴봅시다.

🎯 활동 목표

❶ 마이크로비트에 서보모터를 연결할 수 있다.
❷ 마이크로비트의 LED 디스플레이에 아이콘을 출력할 수 있다.
❸ 빛 센서와 소리 센서를 이용하여 마이크로비트 자벌레가 앞으로 나아가게 할 수 있다.

✓ 준비물　　마이크로비트와 관련 장치 및 만들기 재료를 확인합니다.

| 컴퓨터 | USB 케이블 | 마이크로비트 | 건전지 케이스와 건전지 |

| 똑딱이 연결핀 | 점퍼 와이어(수-수) | 서보모터 | 가위와 칼 |

| 테이프 | 하드보드지(7cm×20cm) | 클립 | 도안 |

███ 마이크로비트와 입출력 장치 그리고 장치 연결에 필요한 준비물입니다.

███ 메이킹에 필요한 준비물입니다.

작동시키는 순서대로 어떤 결과가 나타나는지 확인해 봅시다.

1 단계 전원을 켜고 A버튼과 B버튼을 누를 때

자벌레가 펼쳐집니다.

2 단계 A버튼을 누를 때

자벌레가 작동을 시작합니다.

3 단계 작동을 시작한 후 2초씩 반복할 때

마이크로비트 LED 디스플레이에 '행복함'() 아이콘을 출력하고, 자벌레가 펼쳐졌다가 움츠러듭니다.

4 단계 어둡거나 큰 소리가 날 때

마이크로비트 LED 디스플레이에 '잠듦'( ) 아이콘을 출력하고, 2초간 멈춥니다.

5 단계 B버튼을 누를 때

마이크로비트 LED 디스플레이에 '틀림'( ) 아이콘을 출력하고, 자벌레가 작동을 멈춥니다.

활동 시간은 60분 정도 소요됩니다.

③ 차근차근 알아보아요

프로그램을 작성하기 전에 하드웨어 구성과 프로그래밍 과정을 차근차근 알아봅시다.

하드웨어 구성
이 활동에서 사용할 입출력 장치와 전체 구성을 살펴봅시다.

Q 서보모터는 어떻게 연결하나요?

마이크로비트의 P0, 3V, GND핀을 서보모터의 주황색, 빨간색, 갈색 선에 연결합니다.

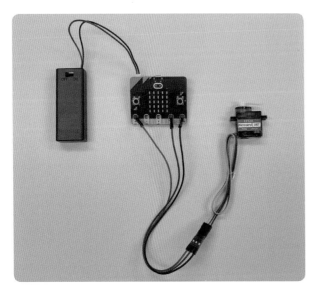

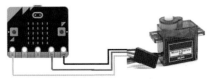

마이크로비트와 서보모터를 연결한 모습

마이크로비트	서보모터
P0	주황색 선
3V	빨간색 선
GND	갈색 선

서보값은 서보모터가 회전하는 각도의 값입니다. 서보값 180은 모터가 180도 방향을 가리킨다는 의미입니다.

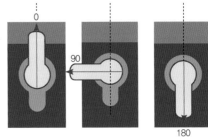

서보값 0 출력　서보값 90 출력　서보값 180 출력

프로그래밍 과정
프로그래밍 과정을 나열해 봅시다.

1단계 A버튼과 B버튼을 동시에 눌러서 서보값에 따른 모터의 움직임을 확인하기

▼

2단계 처음 시작할 때 작동하지 않고 주변의 빛 센서값을 저장하기

▼

3단계 A버튼을 누를 때 작동하고 B버튼을 누를 때 작동 멈추기

▼

4단계 밝으면 자벌레가 움직이고 어둡거나 큰 소리가 나면 잠시 멈추기

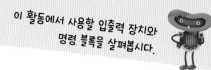

입력 장치를 알아볼까요?

빛 센서: 빛의 양을 감지할 수 있는 센서입니다.

특징	• 주변이 밝을수록 값이 작아지고 어두울수록 값이 커집니다. • 0(가장 어두움)~255(가장 밝음) 사이의 값을 가집니다.

명령 블록

⊙ 입력 — 빛센서 값 블록을 사용합니다.

normallight ▼ 에 빛센서 값 저장 블록은 주변의 빛의 밝기를 변수에 저장합니다.

마이크 센서: 소리의 크기를 측정하는 센서입니다.

명령 블록

⊙ 입력 — 소리 크게 ▼ 기준값을 128 로 설정 블록을 사용합니다.

출력 장치를 알아볼까요?

서보모터: 일반적인 DC모터와는 다르게 원하는 각도만큼을 움직일 수 있는 모터입니다.

특징	• 명령에 따라 일정한 각도로 움직일 때 사용합니다(예 로봇 팔, 문 잠금장치 등). • 전력이 부족하면 제대로 작동하지 않으므로 건전지 케이스를 반드시 연결해야 합니다.

명령 블록

◎ 핀 — P0 ▼ 에 서보 값 180 출력 블록을 사용합니다.

DC모터와 서보모터를 알아볼까요?

모터	모양	특징
DC모터		• 각도 조절이 어렵다. • 사용하기 쉽다.

서보모터		• 각도 조절이 쉽다.
		• 사용하기 쉽다.
		  – 표준 서보모터: 0~180° 회전 가능
		  – 무한 회전 서보모터: 360° 회전 가능

④ 프로그래밍해 보아요

자, 지금까지 알아본 내용을 바탕으로 코딩해 봅시다.

1단계 **A버튼과 B버튼을 동시에 눌러서 서보값에 따른 모터의 움직임을 확인하기**

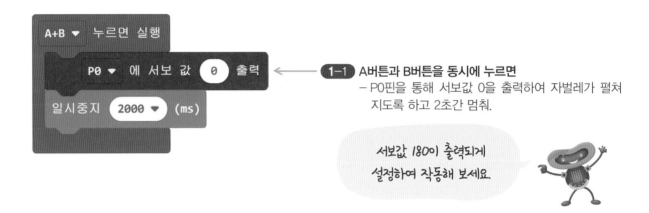

1-1 **A버튼과 B버튼을 동시에 누르면**
– P0핀을 통해 서보값 0을 출력하여 자벌레가 펼쳐지도록 하고 2초간 멈춰.

서보값 180이 출력되게 설정하여 작동해 보세요.

2단계 **처음 시작할 때 작동하지 않고 주변의 빛 센서값을 저장하기**

변수 생성하기

normalLight 프로그램이 시작되었을 때 주변의 빛의 밝기값을 저장하고, 처음보다 어두워졌는지를 파악하는 기준값 역할을 하는 변수

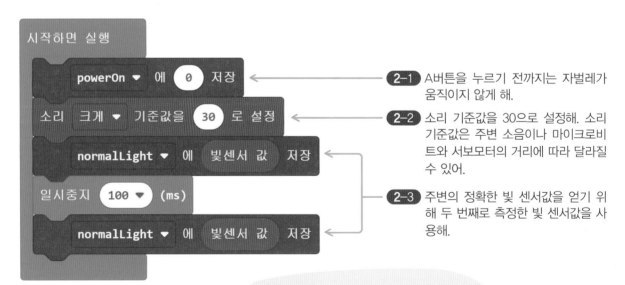

2-1 A버튼을 누르기 전까지는 자벌레가 움직이지 않게 해.

2-2 소리 기준값을 30으로 설정해. 소리 기준값은 주변 소음이나 마이크로비트와 서보모터의 거리에 따라 달라질 수 있어.

2-3 주변의 정확한 빛 센서값을 얻기 위해 두 번째로 측정한 빛 센서값을 사용해.

'normalLight' 변수에 들어 있는 값을 기준으로 손바닥으로 가린 것(최소 15)보다 빛의 밝기가 더 어두워졌다면 작동을 잠시 멈추게 해요. 빛 센서값은 두 번째로 측정한 값부터 정상적인 값이 된다는 것을 기억하세요.

3단계 A버튼을 누를 때 작동하고 B버튼을 누를 때 작동 멈추기

변수 생성하기 powerOn '1'이면 작동하고, '0'이면 작동을 멈추는 변수

3-1 A버튼을 누르면
– 자벌레가 움직여.

3-2 B버튼을 누르면
– 자벌레가 움직이지 않아.

4단계 밝으면 자벌레가 움직이고 어둡거나 큰 소리가 나면 잠시 멈추기

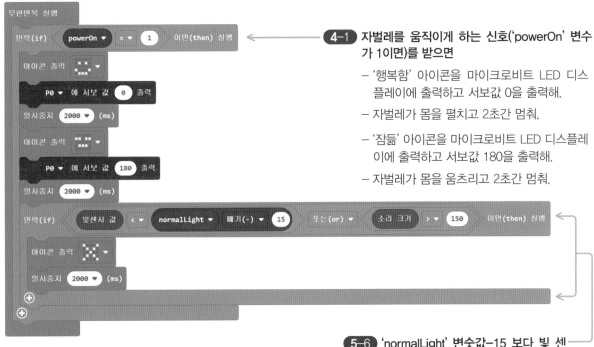

4-1 자벌레를 움직이게 하는 신호('powerOn' 변수가 1이면)를 받으면
– '행복함' 아이콘을 마이크로비트 LED 디스플레이에 출력하고 서보값 0을 출력해.
– 자벌레가 몸을 펼치고 2초간 멈춰.
– '잠듦' 아이콘을 마이크로비트 LED 디스플레이에 출력하고 서보값 180을 출력해.
– 자벌레가 몸을 움츠리고 2초간 멈춰.

5-6 'normalLight' 변숫값-15 보다 빛 센서값이 작아지거나 소리 크기가 150 보다 크면
– 마이크로비트 LED 디스플레이에 '틀림' 아이콘을 출력하고 자벌레가 2초간 멈춰.

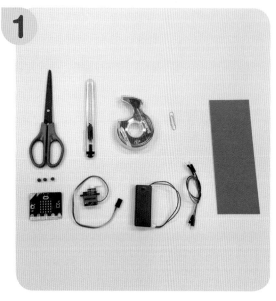

마이크로비트, 건전지 케이스, 점퍼 와이어(수-수), 서보모터, 가위, 칼, 테이프, 하드보드지, 클립을 준비합니다.

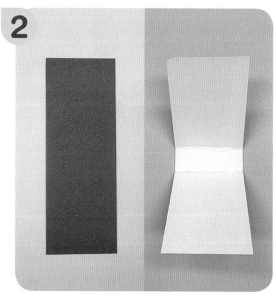

하드보드지나 두꺼운 종이를 세로 20cm, 가로 7cm 크기로 자른 뒤, 건전지 케이스를 놓을 공간 (2.5cm)을 접습니다.

마이크로비트와 건전지 케이스를 결합한 뒤, 하드보드지에 건전지 케이스를 테이프로 고정합니다.

마이크로비트와 건전지 케이스 사이의 전선을 하드보드지 뒤쪽으로 감은 뒤, 하드보드지에 마이크로비트를 테이프로 고정합니다.

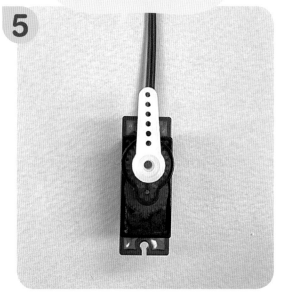

서보모터 방향은 90쪽의
〈하드웨어 구성〉을 참고하세요.

5

서보모터를 0도 방향으로 고정한 뒤, 서보모터에 서
보모터 날개를 전선 방향으로 향하도록 끼웁니다.

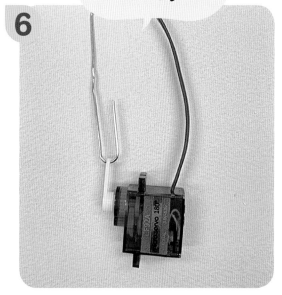

서보모터 날개가 0도와
180도 사이에서 어떤 움직임을
보이는지 관찰해요.

6

서보모터를 마이크로비트와 결합한 뒤, 클립을 구
부려 서보모터 날개에 끼웁니다.

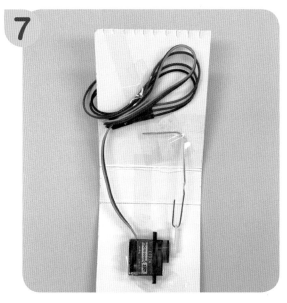

7

하드보드지에 서보모터가 배치될 자리를 정하고 테
이프로 고정합니다.

8

버튼을 눌러 자벌레를 작동시킵니다.

완성된 프로그램을 실행해 보면서 실행 결과에 이상이 없는지 점검해 봅시다.

실행하기   아래 항목이 잘 작동하는지 확인해 봅시다.

항목	예	아니요
❶ A버튼을 누르면 자벌레가 작동하나요?	◯	◯
❷ 마이크로비트 LED 디스플레이를 손으로 가리면 자벌레가 작동을 멈추나요?	◯	◯
❸ 마이크로비트 가까이에서 손뼉을 크게 치면 자벌레가 작동을 멈추나요?	◯	◯

점검하기   아래 항목을 점검하고 잘 작동하지 않은 경우에는 수정해 봅시다.

자벌레가 움직이지 않아요.

- 자벌레를 움직일 때 건전지 케이스의 전원을 켰는지 확인해 보세요.
- 마이크로비트에 점퍼 와이어를 제대로 연결했는지 확인해 보세요.
- 자벌레의 무게 중심이 균형을 이루도록 조립했는지 확인해 보세요.

서보모터의 각도값이 정확하지 않아요.

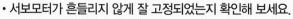

- 서보모터가 흔들리지 않게 잘 고정되었는지 확인해 보세요.
- 서보모터가 움직일 때 몸을 움츠릴 수 있도록 날개 방향이 제대로 조립되었는지 확인해 보세요.

8장 손으로 화산을 문질러 봐!

① 이번에는 무엇을 할까요?

화산이 폭발하면 분화구에서 뜨거운 용암이 솟구쳐 나옵니다. 마이크로비트로 용암을 뿜어내는 화산을 실감나게 표현해 볼까요?

땅속 깊은 곳에서 지열 때문에 녹아 버린 암석이래.

화산 분화구에서 뿜어져 나오는 저 뜨거운 액체는 뭐야?

우와~! 그림을 문지르니까 화산이 폭발하네?!

 이번 활동에서는 마이크로비트의 LED 디스플레이와 은박 테이프를 이용하여 용암이 뿜어져 나오는 화산을 만들어 보겠습니다.

 **준비해 보아요**

활동을 해결하기 위해 활동 목표와 준비물을 확인해 보고, 결과 예시를 살펴봅시다.

활동 목표

❶ 마이크로비트의 각 핀에 은박 테이프를 연결할 수 있다.
❷ LED 디스플레이의 밝기를 달리하며 화산 모양 아이콘을 출력할 수 있다.

준비물

마이크로비트와 관련 장치 및 만들기 재료를 확인합니다.

| 컴퓨터 | USB 케이블 | 마이크로비트 | 건전지 케이스와 건전지 |

| 은박 테이프 | 가위 또는 칼 | 테이프 또는 풀 | 종이 |

마이크로비트와 입출력 장치 그리고 장치 연결에 필요한 준비물입니다.

메이킹에 필요한 준비물입니다.

1 단계 마이크로비트와 건전지 케이스를 연결했을 때

작은 용암 아이콘 두 가지가 번갈아가며 깜빡입니다.

2 단계 용암 기둥과 산의 오른쪽 부분을 함께 문질렀을 때

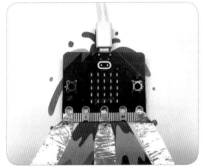 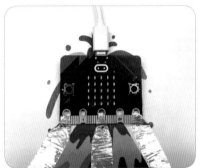

큰 용암 아이콘 두 가지가 번갈아가며 나타납니다.

3 단계 용암 기둥과 산의 양쪽 부분을 함께 문질렀을 때

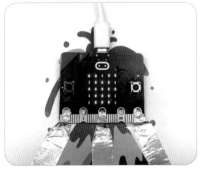  

용암이 점점 밝아집니다.

활동 시간은 60분 정도 소요됩니다.

③ 차근차근 알아보아요

프로그램을 작성하기 전에 하드웨어 구성과 프로그래밍 과정을 차근차근 알아봅시다.

하드웨어 구성　이 활동에서 사용할 입출력 장치와 전체 구성을 살펴봅시다.

Q 마이크로비트와 은박 테이프를 어떻게 연결하나요?

마이크로비트의 P0핀과 회로의 양(+)극, 마이크로비트의 GND핀과 음(−)극을 연결합니다.

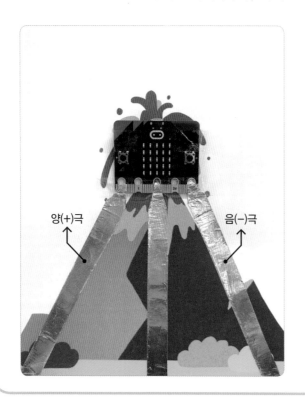

양(+)극　　음(−)극

마이크로비트	회로
P0	산의 왼쪽
P2	용암 기둥
GND	산의 오른쪽

프로그래밍 과정　프로그래밍 과정을 나열해 봅시다.

1 단계　용암의 처음 밝기 설정하기

▼

2 단계　P0핀이 연결되어 있는 부분을 문지르면 용암 밝기 변하게 하기

▼

3 단계　P2핀이 연결되어 있는 부분을 문지르면 용암 높이 변하게 하기

▼

4 단계　용암 높이값에 따라 다른 용암 아이콘 출력하기

이 활동에서 사용할 입출력 장치와 명령 블록을 살펴봅시다.

입력 장치를 알아볼까요?

은박 테이프: 은박 테이프는 얇은 알루미늄으로 만들어진 테이프로 전기의 흐름을 이어주는 역할을 합니다. 은박 테이프에 전기가 흐르는 이유는 알루미늄이 전기가 통하는 전도성 물체이기 때문입니다.

이 활동에서는 은박 테이프를 사용하지만 구리 테이프나 전도성 실 등 다양한 소재의 전도성 물체로 대체하여 활용한다면 더욱 새로운 형태의 작품을 만들 수 있습니다.

은박 테이프	구리 테이프	전도성 실

명령 블록

⊙ 입력 – ◆P0 ▼ 연결(on) 상태▶ 블록을 사용합니다.

– 손으로 P0핀과 GND핀을 잡았을 때 전기가 흐르는 상태가 연결(on) 상태입니다.
– 핀이 연결되었는지 아닌지를 확인할 수 있습니다.

출력 장치를 알아볼까요?

LED 디스플레이: LED 디스플레이에 아이콘이나 문자(영어 알파벳)를 출력할 수 있으며, LED 스크린 밝기 블록으로 LED의 밝기를 조절할 수도 있습니다.

명령 블록

◉ LED – ⋯ 더 보기 – LED 스크린 밝기를 255 로 설정 블록을 사용합니다.

– 0~255까지의 정수나 변수를 넣어 LED 디스플레이의 밝기값을 조절할 수 있습니다.

④ 프로그래밍해 보아요

자, 지금까지 알아본 내용을 바탕으로 코딩해 봅시다.

1 단계 용암의 처음 밝기 설정하기

변수 생성하기

용암높이	다른 높이의 용암 모양이 나타나도록 조절하는 변수
용암밝기	다른 밝기의 용암 모양이 나타나도록 조절하는 변수

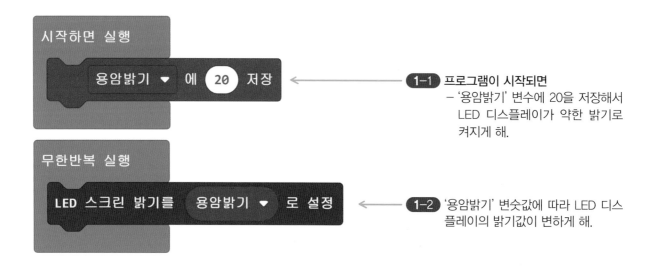

1-1 프로그램이 시작되면
– '용암밝기' 변수에 20을 저장해서 LED 디스플레이가 약한 밝기로 켜지게 해.

1-2 '용암밝기' 변숫값에 따라 LED 디스플레이의 밝기값이 변하게 해.

2 단계 P0핀이 연결되어 있는 부분 문지르면 용암 밝기 변하게 하기

2-1 P0핀에 연결되어 있고, '용암밝기' 변숫값이 255보다 작으면
– '용암밝기' 변숫값을 10씩 증가해.

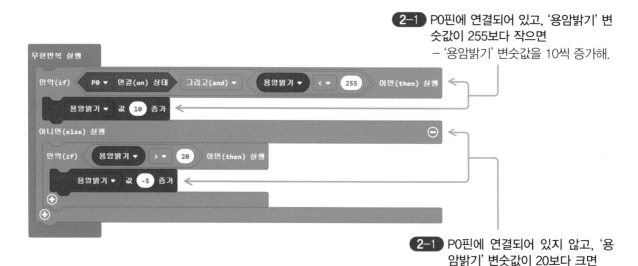

2-1 P0핀에 연결되어 있지 않고, '용암밝기' 변숫값이 20보다 크면
– '용암밝기' 변숫값을 –5씩 증가해.

P2핀이 연결되어 있는 부분 문지르면 용암 높이 변하게 하기

2-1 P2핀에 연결되어 있고, '용암높이' 변숫값이 100보다 작으면
– '용암높이' 변숫값이 1씩 증가해.

무한반복 실행

만약(if) P2 ▾ 연결(on) 상태 그리고(and) ▾ 용암높이 ▾ < 100 이면(then) 실행

용암높이 ▾ 값 1 증가

아니면(else) 실행 ⊖

만약(if) 용암높이 ▾ > ▾ 0 이면(then) 실행

용암높이 ▾ 값 -1 증가

일시중지 200 ▾ (ms)

⊕

⊕

2-1 P2핀에 연결되어 있지 않고, '용암높이' 변숫값이 0보다 크면
– '용암높이' 변숫값이 –1씩 증가해.

용암 높이값에 따라 다른 용암 아이콘 출력하기

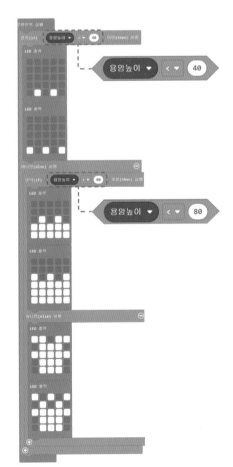

용암높이	용암 아이콘
0~39	작은 용암 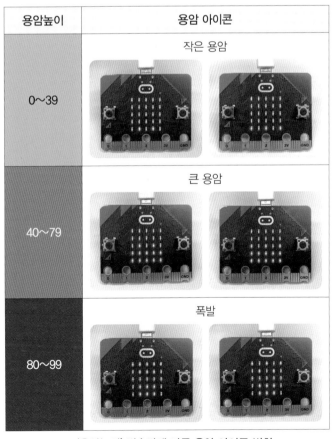
40~79	큰 용암
80~99	폭발

▲ '용암높이' 변숫값에 따른 용암 아이콘 변화

손으로 문지르는 화산 만들기 과정

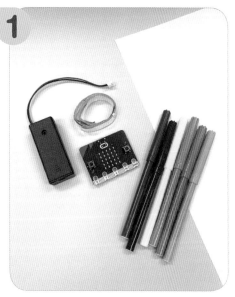

마이크로비트, 건전지 케이스와 건전지, 은박 테이프, 화산을 그릴 종이와 채색도구를 준비합니다.

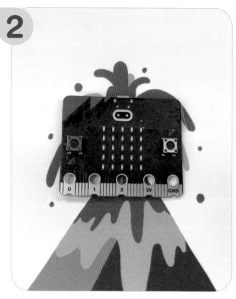

종이에 화산을 그리고 화산 분화구 부분에 마이크로비트를 테이프로 붙여 고정합니다.

P2핀에서 시작하여 은박 테이프를 붙이며 내려가면서 용암 기둥을 만듭니다.

은박 테이프의 접착면이 마이크로비트에 닿으면 전류가 잘 흐르지 않을 수 있어요. 은박 테이프를 한 번 접어서 접착면이 마이크로비트에 닿지 않게 해요.

P0핀에 은박 테이프를 붙이고, 산의 왼쪽 부분을 따라 내려갑니다.

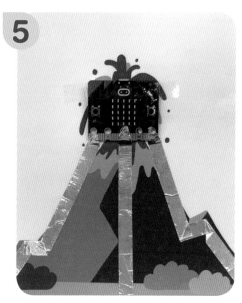

GND핀에 은박 테이프를 붙이고, 산의 오른쪽 부분을 따라 내려갑니다.

마이크로비트의 P0, P2, GND핀과 각각 연결되어 있는 은박 테이프가 서로 닿아 있지 않은지 확인하고, USB로 컴퓨터와 연결하거나 건전지 케이스를 연결하여 전원을 공급합니다.

확인해 보아요

완성된 프로그램을 실행해 보면서 실행 결과에 이상이 없는지 점검해 봅시다.

 실행하기 아래 항목이 잘 작동하는지 확인해 봅시다.

항목	예	아니요
❶ P0와 P2, GND핀이 연결된 부분을 함께 문지르면 용암 아이콘의 밝기가 변하나요?	○	○
❷ P2와 GND핀이 연결된 부분을 함께 문지르면 용암 아이콘의 모양이 변하나요?	○	○

 점검하기 아래 항목을 점검하고 잘 작동하지 않은 경우에는 수정해 봅시다.

은박 테이프를 문지르지 않았는데도 용암 모양이 변해요.

마이크로비트의 P0, P2, GND핀에 각각 연결된 은박 테이프가 서로 닿아 있지 않은지 확인해 보세요.

P2핀과 GND핀에 연결된 은박 테이프를 함께 문질러 '용암높이' 변숫값에 변화를 주었는데 용암 모양이 바뀌지 않아요.

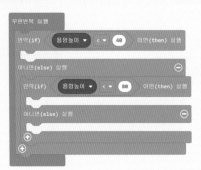

4단계에서 조건 블록이 차례대로 알맞게 들어가 있는지 확인해 보세요.

9장 칫솔 살균기로 세균은 NO! 건강은 YES!

활동일 ⬭년 ⬭월 ⬭일

1 이번에는 무엇을 할까요?

우리가 사용하는 칫솔에는 변기보다 더 많은 세균이 살고 있다고 합니다. 마이크로비트로 칫솔을 관리해 줄 칫솔 살균기를 만들어 볼까요?

악어새야, 그거 알아?
칫솔에 500만~800만 마리의
세균이 살고 있대!

흠… 그럼 내가
네 칫솔을 깨끗하게
해 줄게!

칫솔 살균기
완성!

 이번 활동에서는 마이크로비트의 LED 디스플레이와 적외선 장애물 감지 센서, 자외선 LED를 이용하여 칫솔 살균기를 만들어 보겠습니다.

준비해 보아요

활동을 해결하기 위해 활동 목표와 준비물을 확인해 보고, 결과 예시를 살펴봅시다.

활동 목표

❶ 마이크로비트에 적외선 장애물 감지 센서, 자외선 LED를 연결할 수 있다.
❷ 종이를 이용하여 자외선 LED 출력 강도를 조절하는 칫솔 살균기를 만들 수 있다.

준비물

마이크로비트와 관련 장치 및 만들기 재료를 확인합니다.

컴퓨터	USB 케이블	마이크로비트	건전지 케이스와 건전지
똑딱이 연결핀	점퍼 와이어(암-수)	적외선 장애물 감지 센서	자외선 LED
가위 또는 칼	테이프 또는 풀	치아 도안	칫솔 도안

마이크로비트와 입출력 장치 그리고 장치 연결에 필요한 준비물입니다.

메이킹에 필요한 준비물입니다.

결과 예시　작동시키는 순서대로 어떤 결과가 나타나는지 확인해 봅시다.

<table>
<tr><td>①
단계</td><td>마이크로비트의 A버튼을 눌렀을 때</td></tr>
</table>

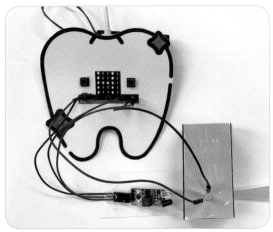

자외선 LED 출력값을 최댓값(1023)으로 설정하며,
LED 디스플레이에 알파벳 "H"를 출력합니다.

<table>
<tr><td>②
단계</td><td>마이크로비트의 B버튼을 눌렀을 때</td></tr>
</table>

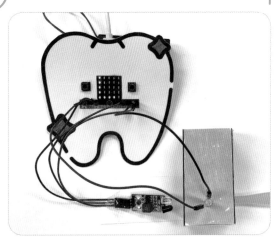

자외선 LED 출력값을 50%(512)로 설정하며,
LED 디스플레이에 알파벳 "L"을 출력합니다.

<table>
<tr><td>③
단계</td><td>칫솔을 올려두었을 때</td></tr>
</table>

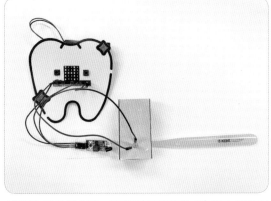

설정된 자외선 LED 출력값(최댓값일 때)대로 자외선
LED가 켜집니다.

<table>
<tr><td>④
단계</td><td>칫솔을 치우거나 일정 시간이 지났을 때</td></tr>
</table>

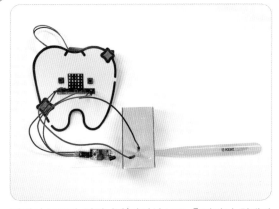

자외선 LED가 꺼집니다(자외선 LED 출력값이 최댓값
일 때).

활동 시간은 60분 정도 소요됩니다.

차근차근 알아보아요

프로그램을 작성하기 전에 하드웨어 구성과 프로그래밍 과정을 차근차근 알아봅시다.

하드웨어 구성 이 활동에서 사용할 입출력 장치와 전체 구성을 살펴봅시다.

Q 적외선 장애물 감지 센서와 자외선 LED는 어떻게 연결할까요?

• 마이크로비트와 적외선 장애물 감지 센서를 연결한 모습

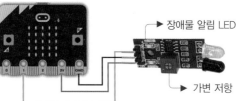

→ 장애물 알림 LED

→ 가변 저항

적외선 장애물 감지 센서	GND	VCC	OUT
마이크로비트	GND	3V	P1

• 마이크로비트와 자외선 LED를 연결한 모습

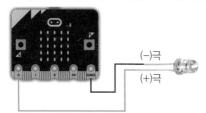

(−)극
(+)극

자외선 LED	긴 다리(+극)	짧은 다리(−극)
마이크로비트	P0	GND

프로그래밍 과정 프로그래밍 과정을 나열해 봅시다.

1단계 A버튼: 자외선 LED 출력 강도 100% 설정, LED 디스플레이에 "H" 출력하기

2단계 B버튼: 자외선 LED 출력 강도 50% 설정, LED 디스플레이에 "L" 출력하기

3단계 칫솔 살균기에 칫솔을 올려두면, 자외선 LED를 설정된 출력 강도로 작동시키기

4단계 칫솔 살균기에 칫솔을 치우거나 일정한 시간이 지나면 자외선 LED 끄기

책 속의 선생님

입력 장치를 알아볼까요?

적외선 장애물 감지 센서: 빛의 한 종류인 적외선을 이용하여 앞에 장애물이 있는지 확인할 수 있는 센서입니다

특징	• 빛을 발생시키고 반사되는 적외선의 양을 측정하여 장애물이 있는지 없는지 판단합니다. • 장애물이 있으면 센서 중앙의 장애물 알림 LED에 불이 들어오며 0 또는 1을 반환합니다. • 장애물 감지가 잘되지 않으면 센서 중앙의 십자 모양 가변 저항을 드라이버로 돌려 장애물이 감지되는 거리를 조절할 수 있습니다.

명령 블록

┌────┐ ┌────┐ ┌──────────────────┐
│ ∨ 고급 │ － │ ◎ 핀 │ － │ P0 ▾ 의 디지털 입력 값 │ 블록을 사용합니다.
└────┘ └────┘ └──────────────────┘

– 적외선 장애물 감지 센서는 일정 거리 안에 장애물이 감지되면 신호를 보냅니다.

– 감지되지 않으면 신호를 보내지 않으므로 0과 1로 나타내는 디지털 값이 적합합니다.

출력 장치를 알아볼까요?

자외선 LED: 자외선을 출력하는 LED로, 자외선은 살균 효과를 가진 빛의 한 종류입니다.

특징	• 자외선이 포함된 햇빛에 말리는 것으로 약간의 살균 효과를 얻을 수 있습니다. • 자외선은 피부에 오랫동안 쬐게 되면 피부암 등을 유발할 수 있으나, 본 교재에서 사용되는 자외선 LED는 출력이 약하여 안전합니다.

명령 블록

┌────┐ ┌────┐ ┌──────────────────────────┐
│ ∨ 고급 │ － │ ◎ 핀 │ － │ P1 ▾ 에 아날로그 값 1023 출력 │ 블록을 사용합니다.
└────┘ └────┘ └──────────────────────────┘

– 자외선 LED를 중간 밝기, 최대 밝기로 나누어서 작동시킬 것이므로, 0~1023 단계로 출력값을 제어할 수 있는 아날로그 값이 적합합니다.

활용 사례

자외선 LED는 식기 소독기, 위조 지폐 확인, 태닝 기기 등에서 사용됩니다.

식기 소독기	위조 지폐 확인	태닝 기기

4 프로그래밍해 보아요

자, 지금까지 알아본 내용을 바탕으로 코딩해 봅시다.

---

1 단계   A버튼: 자외선 LED 출력 강도 100% 설정, LED 디스플레이에 "H" 출력하기

변수 생성하기   power   출력 강도를 정하는 변수

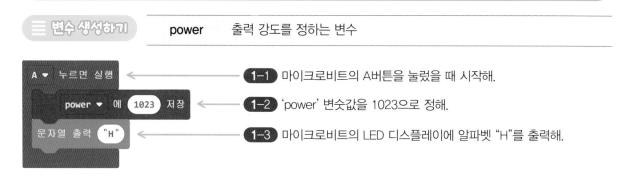

1-1 마이크로비트의 A버튼을 눌렀을 때 시작해.

1-2 'power' 변숫값을 1023으로 정해.

1-3 마이크로비트의 LED 디스플레이에 알파벳 "H"를 출력해.

---

2 단계   B버튼: 자외선 LED 출력 강도 50% 설정, LED 디스플레이에 "L" 출력하기

2-1 마이크로비트의 B버튼을 눌렀을 때 시작해.

2-2 'power' 변숫값을 512로 정해.

2-3 마이크로비트의 LED 디스플레이에 알파벳 "L"을 출력해.

512는 약 50%에 해당해요.

---

3 단계   칫솔 살균기에 칫솔을 올려두면, 자외선 LED를 설정된 출력 강도로 작동시키기

변수 생성하기   time   타이머를 정하는 변수

3-1 마이크로비트가 켜져 있는 동안 계속 반복해.

3-2 장애물이 감지되면 실행해.

3-3 만약 LED 세기를 정하지 않았다면

3-4 LED 세기를 정해 달라는 메시지 출력해.

3-5 만약 LED 세기를 정했다면

3-6 정한 LED 세기대로 P0핀에 연결되어 있는 자외선 LED를 작동해.

3-7 'time' 변숫값을 1증가하고 1초 기다려.

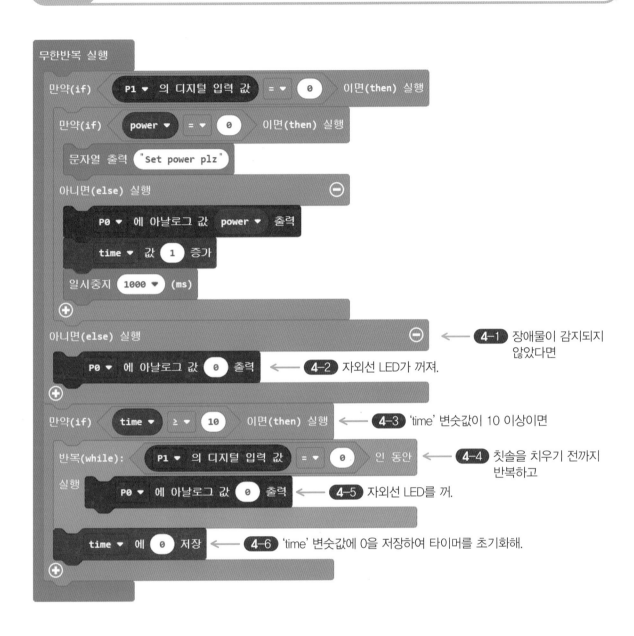

4-1 장애물이 감지되지 않았다면

4-2 자외선 LED가 꺼져.

4-3 'time' 변숫값이 10 이상이면

4-4 칫솔을 치우기 전까지 반복하고

4-5 자외선 LED를 꺼.

4-6 'time' 변숫값에 0을 저장하여 타이머를 초기화해.

3단계 코드에 이어서 코딩하세요.

칫솔 살균기 만들기 과정

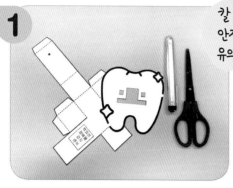

칼 사용 시 안전사고에 유의하세요!

부록(219~221쪽)의 치아 도안과 칫솔 살균기 도안을 가위 또는 칼로 오려 준비합니다.

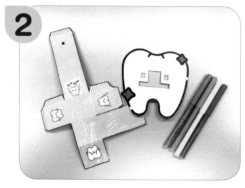

오린 치아 도안과 칫솔 살균기 도안을 색연필과 같은 채색 도구를 사용하여 꾸며 줍니다.

마이크로비트에 프로그램을 저장합니다.

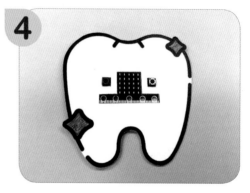

치아 도안에 마이크로비트를 꽂아 줍니다.

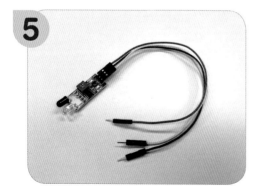

적외선 장애물 감지 센서에 점퍼 와이어를 연결해 둡니다.

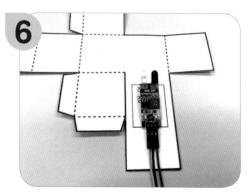

칫솔 살균기 도안의 표시된 곳에 적외선 장애물 감지 센서를 테이프로 붙여 줍니다.

구멍을 뚫을 때 안전사고에
유의하세요!

7

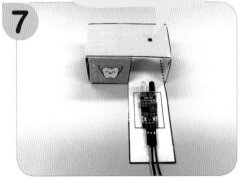

칫솔 살균기 도안을 접어 풀로 붙여 주고,
도안의 표시된 곳에 구멍을 뚫어 줍니다.

자외선 LED에
점퍼 와이어를 연결할 때는
투명 테이프를 활용하세요!

8

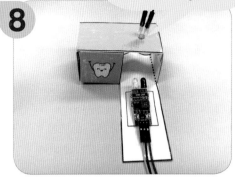

구멍에 자외선 LED를 꽂아 주고 점퍼 와이
어를 연결합니다.

9

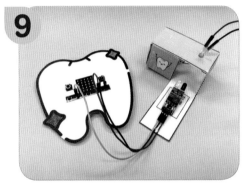

칫솔 살균기 도안의 적외선 장애물 감지 센
서의 남은 점퍼 와이어를 치아 도안에 꽂은
마이크로비트의 똑딱이 연결핀에 꽂아 연결
합니다(핀 연결은 110쪽을 참고하세요.).

10

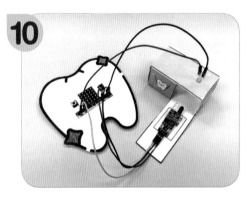

칫솔 살균기 도안에 꽂은 자외선 LED의 남
은 점퍼 와이어를 치아 도안에 꽂은 마이크
로비트의 똑딱이 연결핀(P0와 GND)에 꽂아
연결합니다.

11

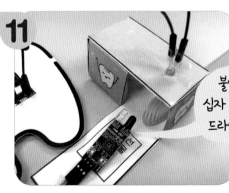

불이 켜지지 않으면
십자 모양의 가변 저항을
드라이버로 돌려 줍니다.

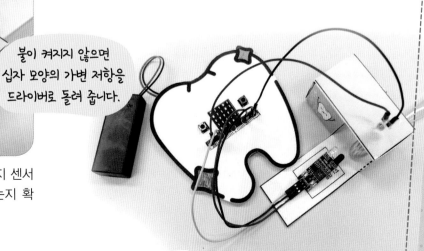

칫솔을 올려두고 적외선 장애물 감지 센서
의 장애물 감지 LED에 불이 켜지는지 확
인합니다.

확인해 보아요

완성된 프로그램을 실행해 보면서 실행 결과에 이상이 없는지 점검해 봅시다.

 실행하기　　　아래 항목이 잘 작동하는지 확인해 봅시다.

항목	예	아니요
❶ A버튼을 누르면 자외선 LED의 세기가 100%(1023)가 되나요?	○	○
❷ B버튼을 누르면 자외선 LED의 세기가 50%(512)가 되나요?	○	○
❸ 적외선 장애물 감지 센서 앞에 칫솔을 올려두면 자외선 LED가 켜지고, 치우거나 일정한 시간이 지나면 자외선 LED가 꺼지나요?	○	○

 점검하기　　　아래 항목을 점검하고 잘 작동하지 않은 경우에는 수정해 봅시다.

자외선 LED가 작동하지 않아요.

프로그래밍할 때 올바른 핀 번호를 찾아 넣었는지, 긴 다리에 마이크로비트의 P0핀, 짧은 다리에 마이크로비트의 GND핀을 연결하였는지 확인하세요.

적외선 장애물 감지 센서가 작동하지 않아요.

프로그래밍할 때 적외선 장애물 감지 센서의 핀 번호를 올바르게 찾아 넣었는지 확인하고, 십자 모양의 가변 저항을 드라이버로 돌려 칫솔을 감지할 수 있도록 하세요.

두 가지 장치가 잘 작동하지 않을 때에는 마이크로비트와 컴퓨터를 USB 케이블로 연결하여 마이크로비트에 전원을 공급해 보세요.

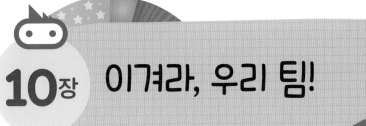

10장 이겨라, 우리 팀!

 1 이번에는 무엇을 할까요?

응원은 함께할 때 더욱 즐겁습니다. 우리 반 친구들과 서로 파도타기처럼 이어지는 응원봉을 만들어 볼까요?

모두 힘을 모아 신나게 응원하자.

함께 응원하면 힘이 날거야!

마이크로비트로 멋진 응원봉 완성!

 이번 활동에서는 마이크로비트의 라디오와 네오픽셀 LED를 이용하여 파도타기처럼 이어지는 응원봉을 만들어 보겠습니다.

활동을 해결하기 위해 활동 목표와 준비물을 확인해 보고, 결과 예시를 살펴봅시다.

활동 목표

❶ 마이크로비트에 네오픽셀 LED를 연결할 수 있다.
❷ 마이크로비트의 라디오 기능을 이용하여 각 그룹의 네오픽셀 LED를 차례대로 켤 수 있다.

준비물

마이크로비트와 관련 장치 및 만들기 재료를 확인합니다.

컴퓨터	USB 케이블	마이크로비트	건전지 케이스와 건전지
똑딱이 연결핀	점퍼 와이어(수-수)	네오픽셀 링	가위 또는 칼
테이프	휴지심	비닐봉지	색지

　마이크로비트와 입출력 장치 그리고 장치 연결에 필요한 준비물입니다.

　메이킹에 필요한 준비물입니다.

작동시키는 순서대로 어떤 결과가 나타나는지 확인해 봅시다.

<table>
<tr><td>

① **단계** 응원 팀장이 A버튼을 눌렀을 때

</td><td>

② **단계** 응원 팀장의 라디오 신호를 받았을 때

</td></tr>
</table>

① **단계** 응원 팀장이 A버튼을 눌렀을 때

네오픽셀 LED가 무지개색으로 빛나고, 그룹 번호 0, 1, 2번 친구에게 차례대로 라디오 신호를 보냅니다.

② **단계** 응원 팀장의 라디오 신호를 받았을 때

그룹 번호 0, 1, 2번 순서대로 친구의 응원봉이 차례대로 무지개색으로 빛납니다.

③ **단계** 응원 팀장이 B버튼을 눌렀을 때

네오픽셀 LED가 빨간색으로 빛나고, 그룹 번호 0, 1, 2번 친구에게 차례대로 라디오 신호를 보냅니다.

④ **단계** 응원 팀장의 라디오 신호를 받았을 때

그룹 번호 0, 1, 2번 순서대로 친구의 응원봉이 차례대로 빨간색으로 빛납니다.

⑤ **단계** 응원 팀장이 A버튼과 B버튼을 동시에 누르면

응원 팀장과 그룹 번호 0, 1, 2번 친구의 응원봉이 차례대로 꺼집니다.

활동 시간은 60분 정도 소요됩니다.

③ 차근차근 알아보아요

프로그램을 작성하기 전에 하드웨어 구성과 프로그래밍 과정을 차근차근 알아봅시다.

하드웨어 구성
이 활동에서 사용할 입출력 장치와 전체 구성을 살펴봅시다.

ℚ 네오픽셀은 어떻게 연결하나요?

마이크로비트	네오픽셀 LED
P0	DI
3V	5V
GND	GND

프로그래밍 과정
프로그래밍 과정을 나열해 봅시다.

1단계 응원 팀장의 응원봉 설정하기

라디오 그룹 설정하고, 네오픽셀 LED 정보를 'strip' 변수에 저장하기

↓

네오픽셀 LED가 한 개씩 순서대로 회전하며 빛나게 하기

↓

네오픽셀 LED가 무지개색으로 빛난 후, 그룹 번호를 0에서 2까지 1씩 증가시키며 문자열 "rainbow"를 전송	네오픽셀 LED가 빨간색으로 빛난 후, 그룹 번호를 0에서 2까지 1씩 증가시키며 문자열 "red"를 전송	네오픽셀 LED가 꺼진 후, 그룹 번호를 0에서 2까지 1씩 증가시키며 문자열 "off"를 전송

2단계 응원 팀의 응원봉 설정하기

라디오 그룹 설정하고, 네오픽셀 LED 정보를 'strip' 변수에 저장하기

↓

네오픽셀 LED가 한 개씩 순서대로 회전하며 빛나게 하기

↓

받은 문자열이 "rainbow"라면, 네오픽셀 LED가 무지개색으로 빛남.	받은 문자열이 "red"라면, 네오픽셀 LED가 빨간색으로 빛남.	받은 문자열이 "off"라면 네오픽셀 LED가 꺼짐.

이 활동에서 사용할 입출력 장치와
명령 블록을 살펴봅시다.

라디오 통신에 대해 알아볼까요?

마이크로비트로 라디오 주파수를 이용하여 서로 통신할 수 있습니다.

특징	• 라디오 무선 통신으로 숫자와 문자, 변수를 주고받을 수 있습니다. • 라디오 무선 통신을 할 때에는 같은 그룹 내에서 서로 문자와 수를 보내거나 받을 수 있습니다. 라디오 그룹이 다르면 신호를 주고받을 수 없습니다.

명령 블록

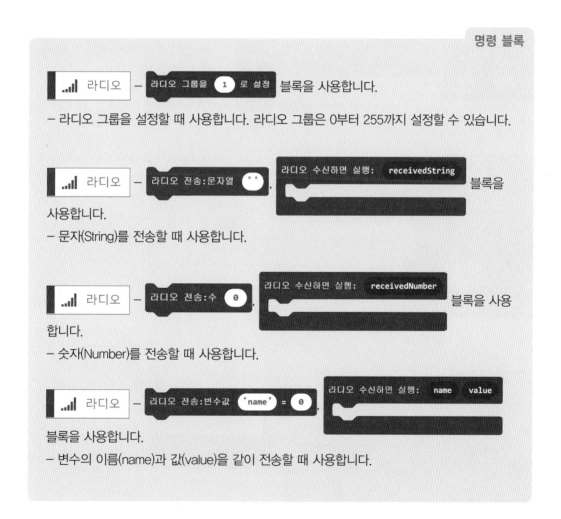

라디오 – 라디오 그룹을 ① 로 설정 블록을 사용합니다.

– 라디오 그룹을 설정할 때 사용합니다. 라디오 그룹은 0부터 255까지 설정할 수 있습니다.

라디오 – 라디오 전송:문자열 " " , 라디오 수신하면 실행: receivedString 블록을 사용합니다.

– 문자(String)를 전송할 때 사용합니다.

라디오 – 라디오 전송:수 ⓪ , 라디오 수신하면 실행: receivedNumber 블록을 사용합니다.

– 숫자(Number)를 전송할 때 사용합니다.

라디오 – 라디오 전송:변수값 "name" = ⓪ , 라디오 수신하면 실행: name value 블록을 사용합니다.

– 변수의 이름(name)과 값(value)을 같이 전송할 때 사용합니다.

④ 프로그래밍해 보아요

자, 지금까지 알아본 내용을 바탕으로 코딩해 봅시다.

1단계 응원 팀장의 응원봉 설정하기

변수 생성하기 **친구그룹번호** 라디오 그룹 0, 1, 2에게 순서대로 문자열을 보내는 변수

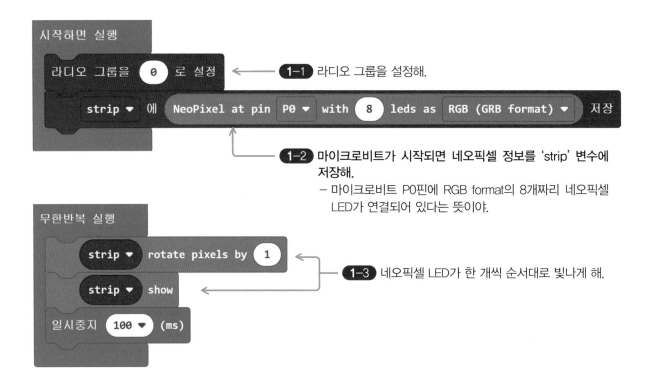

1-1 라디오 그룹을 설정해.

1-2 마이크로비트가 시작되면 네오픽셀 정보를 'strip' 변수에 저장해.
 - 마이크로비트 P0핀에 RGB format의 8개짜리 네오픽셀 LED가 연결되어 있다는 뜻이야.

1-3 네오픽셀 LED가 한 개씩 순서대로 빛나게 해.

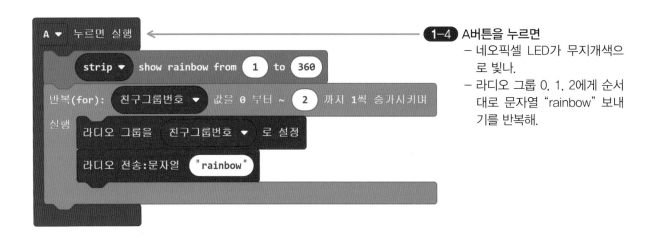

1-4 A버튼을 누르면
 - 네오픽셀 LED가 무지개색으로 빛나.
 - 라디오 그룹 0, 1, 2에게 순서대로 문자열 "rainbow" 보내기를 반복해.

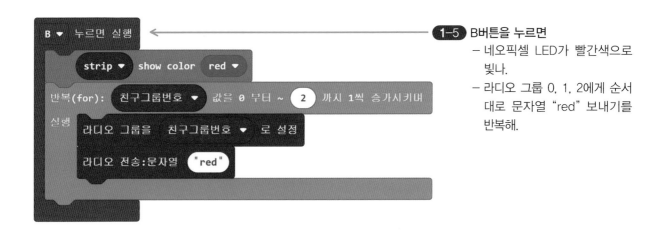

1-5 B버튼을 누르면
- 네오픽셀 LED가 빨간색으로 빛나.
- 라디오 그룹 0, 1, 2에게 순서대로 문자열 "red" 보내기를 반복해.

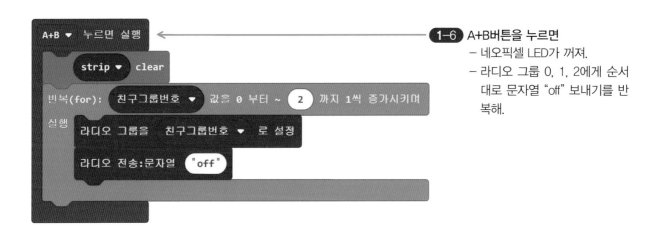

1-6 A+B버튼을 누르면
- 네오픽셀 LED가 꺼져.
- 라디오 그룹 0, 1, 2에게 순서대로 문자열 "off" 보내기를 반복해.

1-7 로고를 터치하면
- 키득키득 효과음이 출력돼.
- 네오픽셀 LED가 보라색으로 빛나.

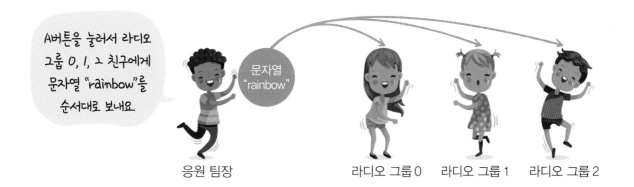

A버튼을 눌러서 라디오 그룹 0, 1, 2 친구에게 문자열 "rainbow"를 순서대로 보내요

문자열 "rainbow"

응원 팀장   라디오 그룹 0   라디오 그룹 1   라디오 그룹 2

▶ 그룹별 설정

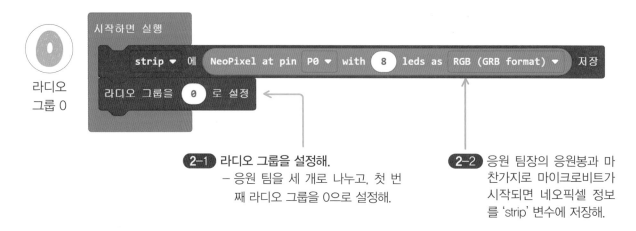

2-1 라디오 그룹을 설정해.
- 응원 팀을 세 개로 나누고, 첫 번째 라디오 그룹을 0으로 설정해.

2-2 응원 팀장의 응원봉과 마찬가지로 마이크로비트가 시작되면 네오픽셀 정보를 'strip' 변수에 저장해.

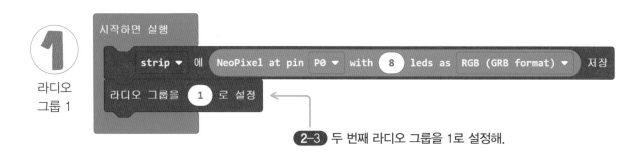

2-3 두 번째 라디오 그룹을 1로 설정해.

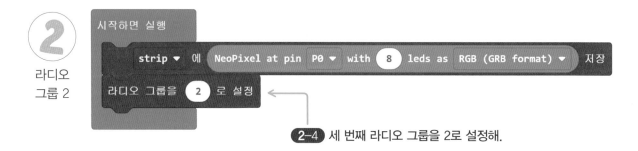

2-4 세 번째 라디오 그룹을 2로 설정해.

▶ 응원팀 공통

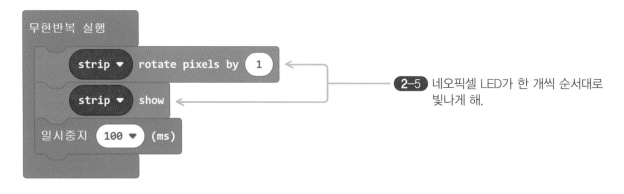

2-5 네오픽셀 LED가 한 개씩 순서대로 빛나게 해.

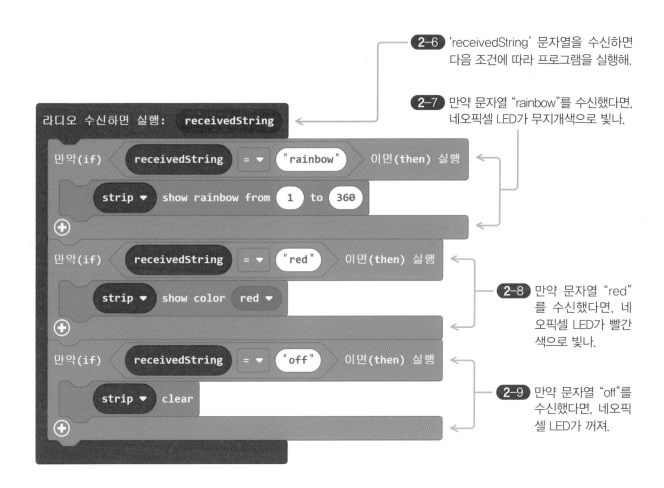

2-6 'receivedString' 문자열을 수신하면 다음 조건에 따라 프로그램을 실행해.

2-7 만약 문자열 "rainbow"를 수신했다면, 네오픽셀 LED가 무지개색으로 빛나.

2-8 만약 문자열 "red"를 수신했다면, 네오픽셀 LED가 빨간색으로 빛나.

2-9 만약 문자열 "off"를 수신했다면, 네오픽셀 LED가 꺼져.

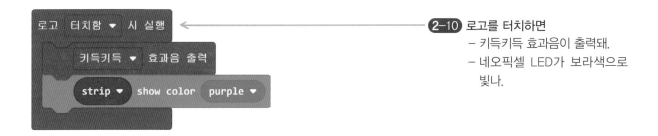

2-10 로고를 터치하면
- 키득키득 효과음이 출력돼.
- 네오픽셀 LED가 보라색으로 빛나.

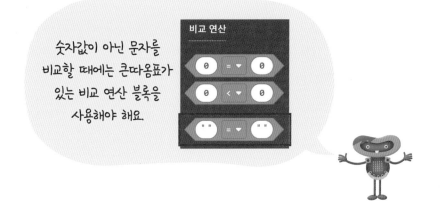

숫자값이 아닌 문자를 비교할 때에는 큰따옴표가 있는 비교 연산 블록을 사용해야 해요.

우리 반 응원봉 만들기 과정

휴지심, 색지, 비닐봉지, 테이프, 가위를 준비합니다.

색지로 휴지심을 감싸고 꾸며 응원봉 모양을 만듭니다(응원 팀장과 그룹 번호 0, 1, 2번의 응원봉이 구분될 수 있도록 합니다).

칼 사용 시 안전사고에 유의하세요!

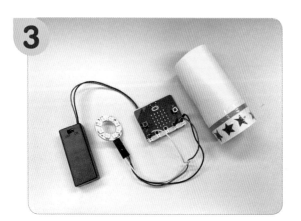

파일을 업로드한 마이크로비트와 네오픽셀 링, 건전지 케이스를 연결하여 준비합니다.

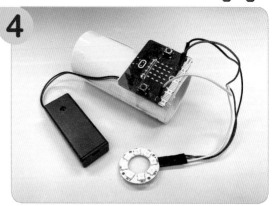

테이프를 이용하여 응원봉 뒷면 하단에 마이크로비트를 고정시킵니다.

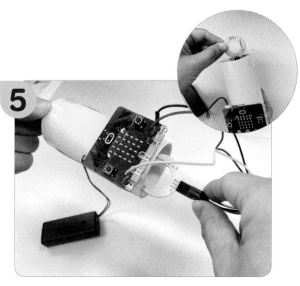

5

네오픽셀 링을 응원봉 밑으로 집어넣어 위로 빼고 테이프를 이용하여 사진과 같이 고정시킵니다.

6

테이프를 이용하여 응원봉 뒷면 상단에 건전지 케이스를 고정시킵니다.

7

비닐봉지를 가위로 잘라 수술을 만들고, 네오픽셀 링 가운데 구멍에 수술을 끼웁니다.

8

수술을 여러 개 끼워 풍성하게 만든 후, 모양을 정리하여 만들기를 마무리합니다.

완성된 프로그램을 실행해 보면서 실행 결과에 이상이 없는지 점검해 봅시다.

실행하기 아래 항목이 잘 작동하는지 확인해 봅시다.

항목	예	아니요
❶ 응원 팀장이 응원봉의 A버튼을 누르면, 응원 팀의 응원봉이 순서대로 무지개색으로 빛나나요?	○	○
❷ 응원 팀장이 응원봉의 B버튼을 누르면, 응원 팀의 응원봉이 순서대로 빨간색으로 빛나나요?	○	○
❸ 응원 팀장이 응원봉의 A버튼과 B버튼을 동시에 누르면, 응원 팀의 응원봉이 순서대로 꺼지나요?	○	○

점검하기 아래 항목을 점검하고 잘 작동하지 않은 경우에는 수정해 봅시다.

응원 팀장이 버튼을 눌러도 응원 팀의 응원봉이 제대로 작동하지 않아요.

보낸 문자열과 받은 문자열에 약속한 문자("rainbow", "red", "off")를 동일하게 입력하였는지 확인해 보세요!

 안에 문자를 입력할 수가 없어요.

숫자값이 아닌 문자를 비교할 때에는 큰따옴표가 있는 블록을 사용했는지 확인해 보세요.

11장 강아지가 배고프대!

① 이번에는 무엇을 할까요?

퍼피의 주인이 집에 늦게 들어와요. 누가 대신 퍼피에게 먹이를 주면 좋을 텐데,
자동으로 먹이를 주는 급식소를 만들어 볼까요?

배고파.
주인은 언제
오는 거야.

제 시간에
먹이를 먹고 싶어.
배가 고플 때도 먹이를
줬으면 좋겠는데.

자동으로
먹이를 주는
급식소는 어때?

 이번 활동에서는 마이크로비트와 서보모터, 초음파 센서를 이용하여 자동으로 반려동물에게 먹이를 주는
급식소를 만들어 보겠습니다.

준비해 보아요

활동을 해결하기 위해 활동 목표와 준비물을 확인해 보고, 결과 예시를 살펴봅시다.

활동 목표

❶ 마이크로비트에 초음파 센서와 서보모터를 연결할 수 있다.
❷ 서보모터가 매 시간마다 작동하도록 할 수 있다.
❸ 초음파 센서를 제어하여 먹이통이 열렸다 닫히게 할 수 있다.

준비물   마이크로비트와 관련 장치 및 만들기 재료를 확인합니다.

| 컴퓨터 | USB 케이블 | 마이크로비트와 똑딱이 연결핀 | 건전지 케이스와 건전지 |

| 보조 건전지 케이스와 건전지 | 점퍼 와이어(수-수, 암-수) | 서보모터 | 초음파 센서(HC-SR04+) |

| 가위, 칼, 테이프 | 페트병과 사인펜 | 클립, 풀 | 도안(하드보드지) |

  마이크로비트와 입출력 장치 그리고 장치 연결에 필요한 준비물입니다.

  메이킹에 필요한 준비물입니다.

결과 예시 작동시키는 순서대로 어떤 결과가 나타나는지 확인해 봅시다.

1 단계 (서보모터 테스트용) A버튼을 누를 때

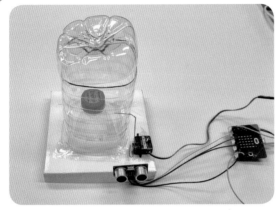

먹이통이 닫힙니다.

2 단계 (서보모터 테스트용) B버튼을 누를 때

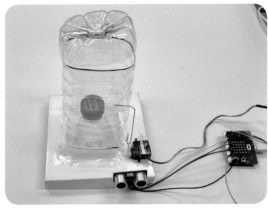

먹이통이 열립니다.

3 단계 작동을 시작한 후 설정된 시간(초)이 지날 때

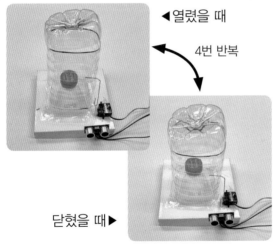

◀열렸을 때

4번 반복

닫혔을 때▶

멜로디가 출력되면서, 먹이통이 열렸다 닫히는 것을 4번 반복합니다.

4 단계 초음파 센서에 가까이 다가갈 때

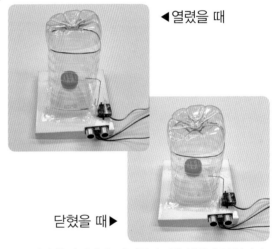

◀열렸을 때

닫혔을 때▶

멜로디가 출력되면서, 먹이통이 1번 열렸다 닫힙니다.

활동 시간은 120분 정도 소요됩니다.

3 차근차근 알아보아요

프로그램을 작성하기 전에 하드웨어 구성과 프로그래밍 과정을 차근차근 알아봅시다.

하드웨어 구성 이 활동에서 사용할 입출력 장치와 전체 구성을 살펴봅시다.

Q 마이크로비트의 초음파 센서, 서보모터는 어떻게 연결하나요?

마이크로비트와 초음파 센서를 연결한 후 서보모터를 연결합니다.

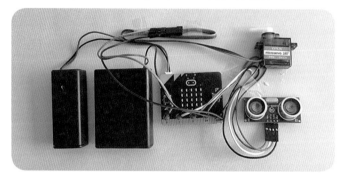

마이크로비트와 초음파 센서를 점퍼 와이어
(암–수)로 연결한 모습

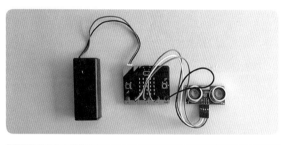

초음파 센서	GND	Trig	Echo	Vcc
마이크로비트	GND	P1	P2	3V

마이크로비트와 서보모터를 점퍼 와이어
(수–수)로 연결한 모습

서보 모터	주황색 선	빨간색 선	갈색 선
마이크로비트	P0	3V	GND

보조 건전지	빨간색 선	검은색 선
마이크로비트	–	GND
서보모터	빨간색 선	–

프로그래밍 과정 프로그래밍 과정을 나열해 봅시다.

1단계 A버튼 또는 B버튼을 눌러서 서보값에 따른 모터의 움직임을 확인하기

2단계 1초씩 시간이 증가하다가 6시간이 지났을 때 먹이통을 4번 열고 닫기

3단계 초음파 센서에 가까이 가면 먹이통을 1번 열고 닫기

입력 장치를 알아볼까요?

초음파 센서: 초음파 센서가 감지한 물체까지의 거리를 측정할 수 있습니다.

특징	• 인간이 들을 수 있는 소리보다 더 높은 음을 초음파라고 합니다. 인간은 20Hz~20kHz 사이의 주파수 소리를 들을 수 있으며, 이 책에서 쓰인 초음파 센서는 40kHz 정도의 주파수 소리를 냅니다. • 초음파 센서의 송신부(trig)에서 초음파 신호를 보내면, 초음파는 앞으로 나아가다가 어떤 물체에 부딪히게 됩니다. 물체에 부딪힌 초음파는 반사되고, 이 신호를 초음파 센서의 수신부(echo)에서 받아서 거리를 측정합니다. • 자동차나 로봇 청소기에서 장애물을 감지하거나 가로등에서 사람을 감지할 때 사용합니다. • 초음파 센서는 전력이 부족하면 올바르게 동작하지 않으므로 그럴 경우 3V~6V 건전지 케이스를 반드시 연결해야 합니다.

명령 블록

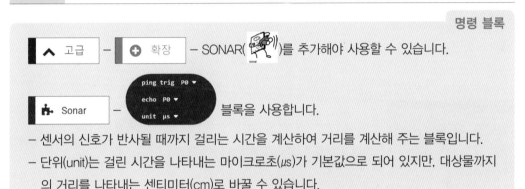

- 센서의 신호가 반사될 때까지 걸리는 시간을 계산하여 거리를 계산해 주는 블록입니다.
- 단위(unit)는 걸린 시간을 나타내는 마이크로초(μs)가 기본값으로 되어 있지만, 대상물까지의 거리를 나타내는 센티미터(cm)로 바꿀 수 있습니다.

버튼: 마이크로비트의 버튼을 누르면 명령 블록이 실행됩니다.

출력 장치를 알아볼까요?

서보모터: 일반적인 DC모터와는 달리 원하는 각도만큼 움직일 수 있는 모터입니다. 이것은 로봇 팔, 문 잠금장치 등 명령에 따라 일정한 위치로 움직여야 할 때 사용합니다.

명령 블록

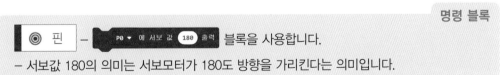

- 서보값 180의 의미는 서보모터가 180도 방향을 가리킨다는 의미입니다.

스피커: 마이크로비트는 내장 스피커를 가지고 있어 원하는 소리를 출력할 수 있습니다.

프로그래밍해 보아요

자, 지금까지 알아본 내용을 바탕으로 코딩해 봅시다.

1 단계 A버튼 또는 B버튼을 눌러서 서보값에 따른 모터의 움직임을 확인하기

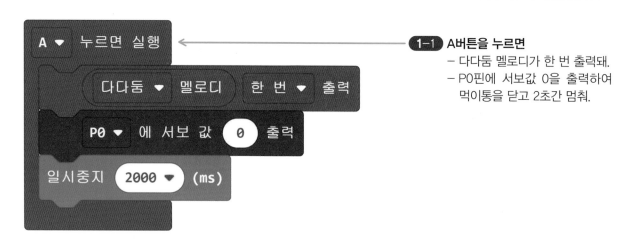

1-1 A버튼을 누르면
- 다다둠 멜로디가 한 번 출력돼.
- P0핀에 서보값 0을 출력하여 먹이통을 닫고 2초간 멈춰.

1-2 B버튼을 누르면
- 엔터테이너 멜로디가 한 번 출력돼.
- P0핀에 서보값 100을 출력하여 먹이통을 열고 2초간 멈춰.

변수 생성하기 secondsPassed 0으로 시작하여 1초마다 1씩 증가하는 변수

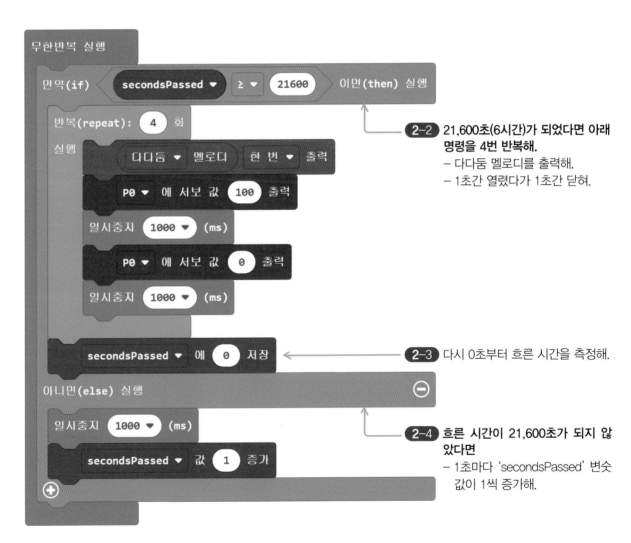

시작하면 실행

secondsPassed ▼ 에 (0) 저장

2-1 프로그램이 시작되면
　－ 0초부터 시작해.

무한반복 실행

만약(if) (secondsPassed ▼) ≥ ▼ (21600) 이면(then) 실행

반복(repeat): (4) 회
실행
　다다둠 ▼ 멜로디 한 번 ▼ 출력
　P0 ▼ 에 서보 값 (100) 출력
　일시중지 (1000 ▼) (ms)
　P0 ▼ 에 서보 값 (0) 출력
　일시중지 (1000 ▼) (ms)

secondsPassed ▼ 에 (0) 저장

아니면(else) 실행 ⊖

일시중지 (1000 ▼) (ms)

secondsPassed ▼ 값 (1) 증가

2-2 21,600초(6시간)가 되었다면 아래 명령을 4번 반복해.
　－ 다다둠 멜로디를 출력해.
　－ 1초간 열렸다가 1초간 닫혀.

2-3 다시 0초부터 흐른 시간을 측정해.

2-4 흐른 시간이 21,600초가 되지 않았다면
　－ 1초마다 'secondsPassed' 변숫 값이 1씩 증가해.

3 **단계** 초음파 센서에 가까이 가면 먹이통을 1번 열고 닫기

변수 생성하기 distance 초음파 센서가 감지한 물체까지의 거리를 표시하는 변수

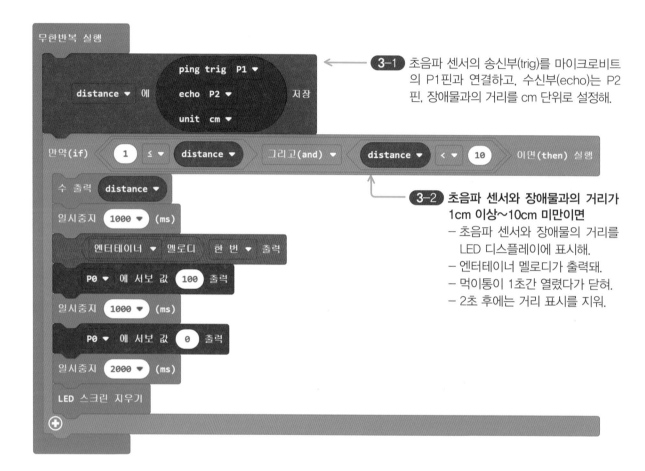

3-1 초음파 센서의 송신부(trig)를 마이크로비트의 P1핀과 연결하고, 수신부(echo)는 P2핀, 장애물과의 거리를 cm 단위로 설정해.

3-2 **초음파 센서와 장애물과의 거리가 1cm 이상~10cm 미만이면**
– 초음파 센서와 장애물의 거리를 LED 디스플레이에 표시해.
– 엔터테이너 멜로디가 출력돼.
– 먹이통이 1초간 열렸다가 닫혀.
– 2초 후에는 거리 표시를 지워.

물체가 너무 가깝거나 먼 경우, 또는 이상이 있는 경우 'distance' 변수의 값이 '0'이 나올 수 있어요.

1

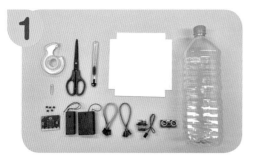

마이크로비트, 건전지 케이스, 점퍼 와이어 (수-수), 점퍼 와이어(암-수), 서보모터, 초음파 센서, 가위, 칼, 테이프, 클립, 풀, 도안, 하드보드지, 페트병을 준비합니다.

2

페트병의 병 입구에서 10cm인 부분과 밑동에서 14cm인 부분을 자를 수 있게 사인펜으로 선을 긋습니다. 밑동에서 3cm인 부분의 세 면은 자를 수 있도록 선을 긋고, 나머지 한 면은 자르지 않으므로 선을 긋지 않습니다.

3

페트병에 표시해 놓은 선을 따라 자릅니다.

4

부록 223쪽의 단 도안을 하드보드지 위에 풀로 붙이고 자릅니다.

5

바깥쪽으로 접어서 단을 만들 때 하드보드지가 두꺼워서 잘 접히지 않으므로 칼등이나 가위로 접힐 부분을 눌러 주고 접습니다.

6

바깥쪽으로 접어서 단을 만들고 접히는 부분에 테이프를 붙여 하드보드지가 잘라지는 것을 방지합니다.

7

페트병 윗부분의 네 군데 모서리를 약 2cm
정도 자릅니다.

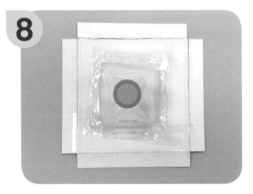

8

하드보드지로 만든 단 중앙에 페트병의 네
군데 모서리를 테이프로 고정합니다.

9

단에 고정해 놓은 페트병 윗부분에 페트병
밑동을 거꾸로 덮고 한쪽 면을 테이프로 고
정합니다(서보모터와 초음파 센서를 고정
할 공간을 비워 두고 고정해야 합니다.).

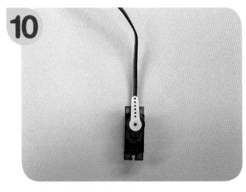

10

서보모터 날개가 서보모터의 전선 방향을
향하도록 끼웁니다.

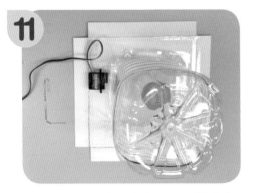

11

서보모터를 단 위에 테이프로 고정합니다.

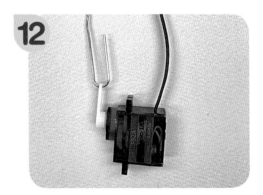

12

클립을 구부려 서모모터의 날개에 끼웁니다.

페트병에 끼울 구멍을 만들기 위해 클립의 끝부분으로 페트병을 꾹 눌러 표시합니다.

페트병에 표시한 부분을 칼로 구멍을 냅니다.

클립의 끝부분을 페트병에 끼웁니다.

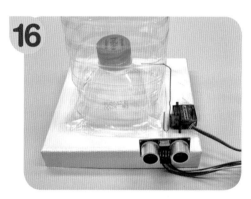

초음파 센서를 테이프로 고정합니다.

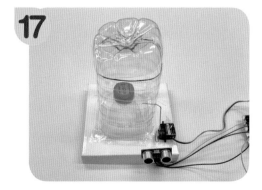

마이크로비트와 건전지 케이스, 점퍼 와이어를 하드보드지 단 밑으로 집어넣어 주변을 정리합니다.

버튼을 눌러 먹이통을 작동시킵니다.

⑤ 확인해 보아요

완성된 프로그램을 실행해 보면서 실행 결과에 이상이 없는지 점검해 봅시다.

 실행하기 아래 항목이 잘 작동하는지 확인해 봅시다.

항목	예	아니요
❶ 전원을 켜고 처음 시작할 때 먹이통이 닫힌 상태인가요?	○	○
❷ 시작하고 설정한 시간이 되면 먹이통이 4번 열렸다 닫히나요?	○	○
❸ 초음파 센서에 가까이 가면 먹이통이 1번 열렸다 닫히나요?	○	○

 점검하기 아래 항목을 점검하고 잘 작동하지 않은 경우에는 수정해 봅시다.

먹이통이 움직이지 않아요.

- 건전지 케이스의 전원이 켜져 있나요?
- 마이크로비트와 점퍼 와이어를 정확하게 연결했나요?
- 먹이가 먹이통에 걸려 있지 않나요?
- 건전지의 전압이 부족하지 않나요?
- 1.5V 건전지를 써야 하는데, 1.2V 충전 건전지를 사용하지 않았나요?

먹이통에서 먹이가 나오지 않거나 너무 많이 흘러 나와요.

- 먹이통 출구를 가위로 조금 넓히거나 테이프로 살짝 가려 보았나요?
- 서보모터가 움직일 때 먹이통이 활짝 열렸다가 완전히 닫히도록 서보모터의 날개 방향을 잘 조립했나요?

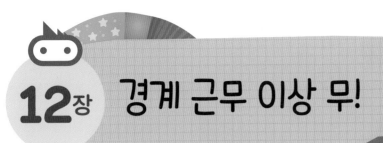

12장 경계 근무 이상 무!

1 이번에는 무엇을 할까요?

공작이는 부모님이 늦게 오신다는 연락을 받았어요. 혼자 집에 있어 무서운 공작이를 위해
주변을 감시하여 침입자가 발견되면 알람이 울리는 경비 마이크로비트를 만들어 볼까요?

이대로는 마음이
불편해서 잠을 잘 수가 없어.
나를 위해 누가 주변을
감시해 줄 수 없을까?

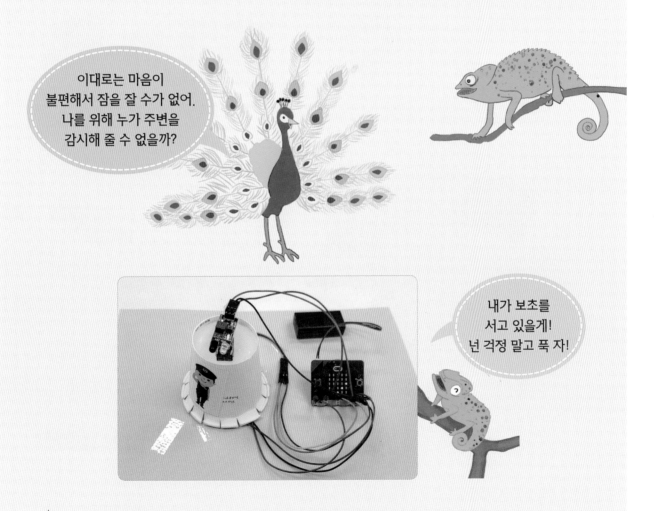

내가 보초를
서고 있을게!
넌 걱정 말고 푹 자!

이번 활동에서는 마이크로비트와 서보모터, 적외선 장애물 감지 센서, 네오픽셀 LED를 이용하여 주변에
침입자가 발견되면 알람이 울리는 경비 마이크로비트를 만들어 보겠습니다.

활동을 해결하기 위해 활동 목표와 준비물을 확인해 보고, 결과 예시를 살펴봅시다.

 활동 목표

❶ 마이크로비트에 적외선 장애물 감지 센서를 연결하여 주변의 물체를 감지할 수 있다.

❷ 서보모터의 방향을 제어하고 LED 디스플레이에 막대 모양을 출력할 수 있다.

❸ 적외선 장애물 감지 센서에 물체가 감지되면 네오픽셀 LED의 색을 변경하고 알림음을 출력할 수 있다.

준비물　　마이크로비트와 관련 장치 및 만들기 재료를 확인합니다.

컴퓨터	USB 케이블	마이크로비트	건전지 케이스와 건전지
똑딱이 연결핀	점퍼 와이어(수-수, 암-수)	서보모터	적외선 장애물 감지 센서
네오픽셀 링	가위와 칼	테이프	종이컵

　마이크로비트와 입출력 장치 그리고 장치 연결에 필요한 준비물입니다.

　메이킹에 필요한 준비물입니다.

작동시키는 순서대로 어떤 결과가 나타나는지 확인해 봅시다.

1 단계 주변에 침입자가 나타나지 않았을 때

LED 디스플레이에 왼쪽에서 오른쪽으로 레이더 표시가 회전하며 움직입니다.

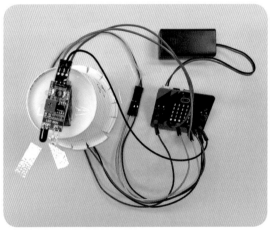

네오픽셀의 LED는 녹색이 되고 서보모터는 0~180도까지 계속해서 움직입니다.

2 단계 주변에 침입자가 나타났을 때

레이더 표시가 침입자가 발견된 방향을 가리키며 멈춥니다.

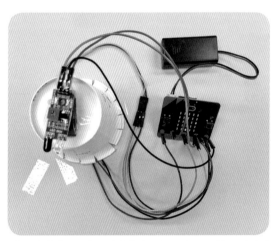

네오픽셀의 LED는 빨간색이 되고 서보모터는 정지하며 경고음을 출력합니다.

활동 시간은 80분 정도 소요됩니다.

③ 차근차근 알아보아요

프로그램을 작성하기 전에 하드웨어 구성과 프로그래밍 과정을 차근차근 알아봅시다.

하드웨어 구성 이 활동에서 사용할 입출력 장치와 전체 구성을 살펴봅시다.

Q 적외선 장애물 감지 센서, 네오픽셀 LED, 서보모터는 어떻게 연결할까요?

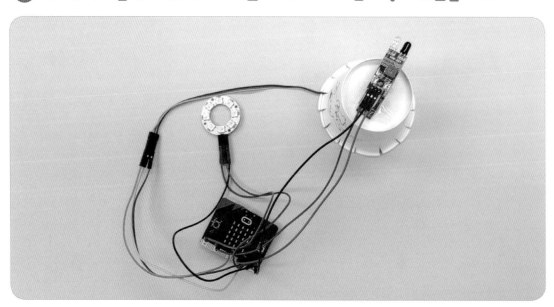

마이크로비트의 P0~P2 중에서 임의로 선택하여 입출력 장치를 연결합니다. (예 P0 네오픽셀, P1 적외선 장애물 감지 센서, P2 서보모터)

마이크로비트	P0 0	P1 1	P2 2	3V	GND
네오픽셀 LED	DI			V	G
적외선 장애물 감지 센서		OUT		VCC	GND
서보모터			주황색 선	빨간색 선	갈색 선

프로그래밍 과정 프로그래밍 과정을 나열해 봅시다.

1단계 서보모터가 움직일 각도 리스트와 네오픽셀 연결 정보 저장하기

2단계 적외선 장애물 감지 센서에 침입자가 감지되었는지 확인하기

3단계 침입자가 없으면 서보모터와 LED 막대 회전하기

4단계 침입자가 있으면 서보모터와 LED 막대 회전을 멈추고 경고음 울리기

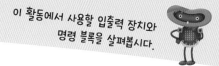

이 활동에서 사용할 입출력 장치와
명령 블록을 살펴봅시다.

입력 장치를 알아볼까요?

적외선 장애물 감지 센서: 빛(눈에 보이지 않는 적외선)을 발생시키고 반사되는 적외
선의 양을 측정하여 장애물이 있는지 없는지 판단합니다. 자세한 내용은 9장을 참고
하세요.

명령 블록

◎ 핀 ─ [P0 ▾ 의 디지털 입력 값] 블록을 사용합니다.

– 적외선 장애물 감지 센서는 일정 거리 안에 장애물이 감지되면 신호를 보내고, 감지되지
  않으면 신호를 보내지 않으므로 0과 1로 나타내는 디지털값이 적합합니다.

출력 장치를 알아볼까요?

네오픽셀 LED: 세 가닥의 선으로 많은 LED를 제어할 수 있는 네오픽셀 LED입니다.
자세한 내용은 4장을 참고하세요.

명령 블록

○ Neopixel ─ [strip2 ▾ 에 NeoPixel at pin P0 ▾ with 24 leds as RGB (GRB format) ▾ 저장] 블록을 사용합니다.

– 네오픽셀 LED는 연결된 LED의 개수와 종류가 다양하므로 이와 관련된 정보를 정해 주는
  블록입니다.

서보모터: 일반적인 DC모터와는 다르게 원하는 각도만큼을 움직일 수 있는 모터입
니다. 자세한 내용은 7장을 참고하세요.

명령 블록

◎ 핀 ─ [P0 ▾ 에 서보 값 180 출력] 블록을 사용합니다.

– 서보값 180의 의미는 모터가 180도 방향을 가리킨다는 의미입니다.
– 새로운 마이크로비트에서는 외부 전원 공급량이 개선되어 1개의 서보모터는 별도의 추가
  건전지 없이도 충분히 작동할 수 있습니다.

스피커: 마이크로비트의 내장 스피커로 원하는 소리를 출력할 수 있습니다.

④ 프로그래밍해 보아요

자, 지금까지 알아본 내용을 바탕으로 코딩해 봅시다.

1단계 서보모터가 움직일 각도 리스트와 네오픽셀 연결 정보 저장하기

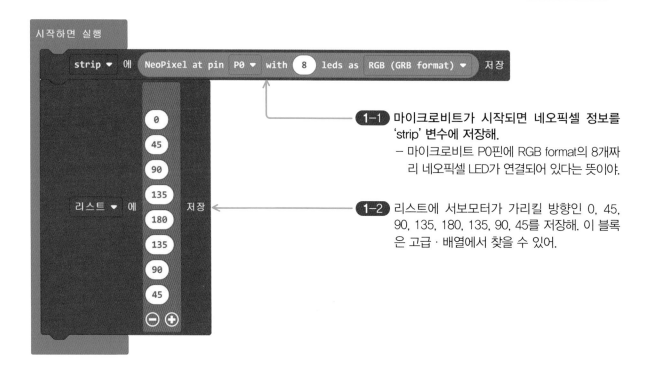

1-1 마이크로비트가 시작되면 네오픽셀 정보를 'strip' 변수에 저장해.
　－ 마이크로비트 P0핀에 RGB format의 8개짜 리 네오픽셀 LED가 연결되어 있다는 뜻이야.

1-2 리스트에 서보모터가 가리킬 방향인 0, 45, 90, 135, 180, 135, 90, 45를 저장해. 이 블록 은 고급 · 배열에서 찾을 수 있어.

2단계 적외선 장애물 감지 센서에 침입자가 감지되었는지 확인하기

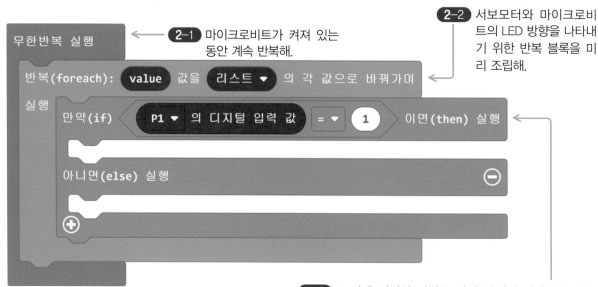

2-1 마이크로비트가 켜져 있는 동안 계속 반복해.

2-2 서보모터와 마이크로비 트의 LED 방향을 나타내 기 위한 반복 블록을 미 리 조립해.

2-3 P1핀에 적외선 장애물 감지 센서가 연결되어 있어. 디지털 입력값이 1이면 장애물이 없다는 뜻이야.

함수 생성하기   show angle(num)   마이크로비트의 LED 디스플레이에 표시할 방향을 출력하는 명령 함수

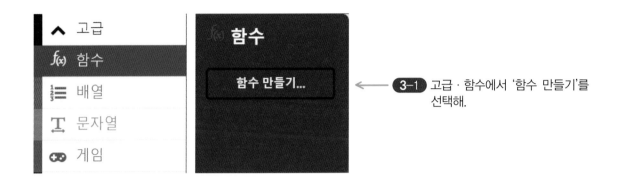

3-1 고급 · 함수에서 '함수 만들기'를 선택해.

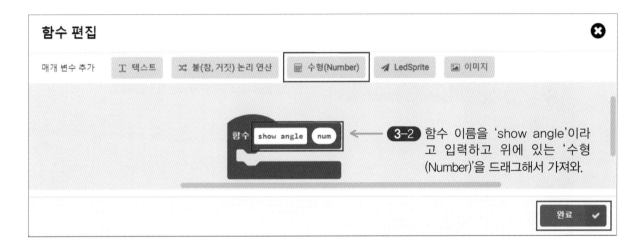

3-2 함수 이름을 'show angle'이라고 입력하고 위에 있는 '수형(Number)'을 드래그해서 가져와.

• 함수에서 입력받은 수에 따른 LED 막대 모양

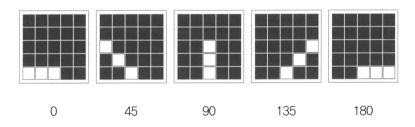

| 0 | 45 | 90 | 135 | 180 |

입력받은 수에 따라 LED 디스플레이에 막대 방향을 다르게 표시하는 함수를 만들어요.

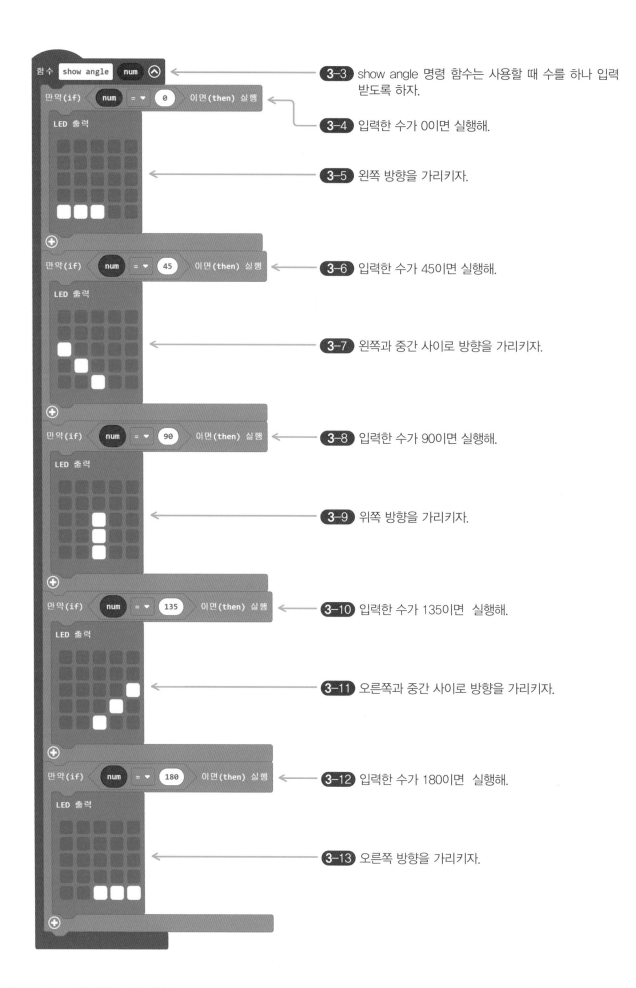

3-3 show angle 명령 함수는 사용할 때 수를 하나 입력 받도록 하자.

3-4 입력한 수가 0이면 실행해.

3-5 왼쪽 방향을 가리키자.

3-6 입력한 수가 45이면 실행해.

3-7 왼쪽과 중간 사이로 방향을 가리키자.

3-8 입력한 수가 90이면 실행해.

3-9 위쪽 방향을 가리키자.

3-10 입력한 수가 135이면 실행해.

3-11 오른쪽과 중간 사이로 방향을 가리키자.

3-12 입력한 수가 180이면 실행해.

3-13 오른쪽 방향을 가리키자.

무한반복 실행

반복(foreach): value 값을 리스트 ▼ 의 각 값으로 바꿔가며

실행

만약(if) ＜ P1 ▼ 의 디지털 입력 값 = ▼ 1 ＞ 이면(then) 실행

P2 ▼ 에 서보 값 value ▼ 출력 ← **3-14** 서보모터는 P2에 연결되어 있구나!
리스트에 있는 값을 넣어서 움직여!

호출 show angle value ▼ ← **3-15** LED 디스플레이에 서보모터가 가리키고 있는 방향을 나타내자.

strip ▼ show color green ▼ ← **3-16** 네오픽셀 LED의 색은 녹색으로 바꾸자.

일시중지 1000 ▼ (ms) ← **3-17** 모터가 움직이는 데 시간이 걸리니 1초간 기다리자.

아니면(else) 실행 ⊖

---

4 단계) 침입자가 있으면 서보모터와 LED 막대 회전을 멈추고 경고음 울리기

무한반복 실행

반복(foreach): value 값을 리스트 ▼ 의 각 값으로 바꿔가며

실행

만약(if) ＜ P1 ▼ 의 디지털 입력 값 = ▼ 1 ＞ 이면(then) 실행

P2 ▼ 에 서보 값 value ▼ 출력

호출 show angle value ▼

strip ▼ show color green ▼

일시중지 1000 ▼ (ms)

아니면(else) 실행 ⊖ ← **4-1** 침입자가 발견되면
실행하자.

솔 1 ▼ 박자 출력
미 1 ▼ 박자 출력 ← **4-2** 경고음을 울리고

strip ▼ show color red ▼ ← **4-3** 네오픽셀 LED를 빨간색으로 바꾸자.

일시중지 1000 ▼ (ms) ← **4-4** 1초간 기다리자.

⊕

경비 마이크로비트 만들기 과정

1

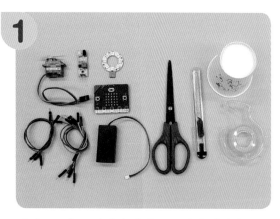

마이크로비트, 건전지 케이스, 똑딱이 연결핀, 점퍼
와이어(수-수, 암-수), 네오픽셀 링, 적외선 장애물
감지 센서, 서보모터, 가위, 칼, 테이프, 종이컵을
준비합니다.

2

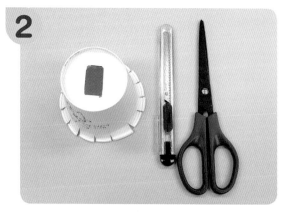

종이컵 아랫면의 서보모터가 들어갈 자리를 칼로
구멍을 뚫고, 윗면은 문어 다리와 같이 잘라서 바
깥쪽으로 접어 펼칩니다.

3

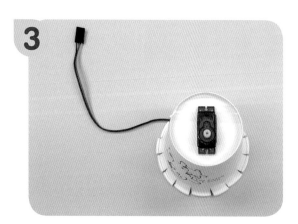

서보모터를 종이컵의 아랫면에 끼운 후 테이프로
고정합니다.

4

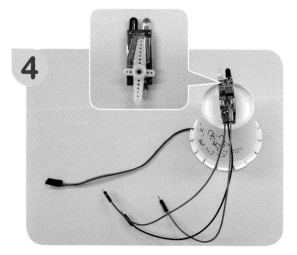

서보모터 날개에 적외선 장애물 감지 센서를 테이
프로 붙여서 서보모터에 꽂아줍니다.

5

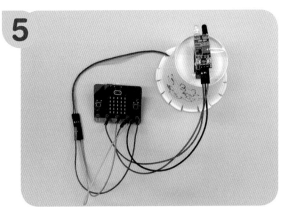

마이크로비트에 똑딱이 연결핀을 꽂고, 서보모터와 적외선 장애물 감지 센서를 마이크로비트에 점퍼 와이어(수−수)로 연결합니다.

6

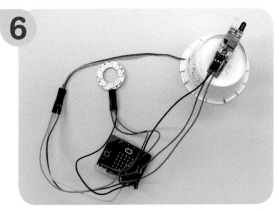

네오픽셀 링을 마이크로비트와 연결합니다.

7

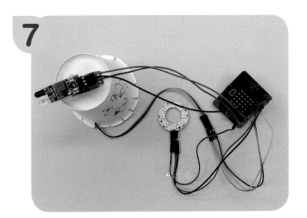

하드보드지 위에 네오픽셀 링을 테이프로 고정합니다.

8

네오픽셀 링 위에 종이컵을 엎어 놓은 후 테이프로 고정합니다.

확인해 보아요

완성된 프로그램을 실행해 보면서 실행 결과에 이상이 없는지 점검해 봅시다.

실행하기   아래 항목이 잘 작동하는지 확인해 봅시다.

항목	예	아니요
❶ 서보모터가 회전하면서 주변의 침입자를 잘 탐색하나요?	○	○
❷ 침입자가 발견되면 빨간색 LED와 함께 경고음이 울리나요?	○	○
❸ 침입자가 사라지면 다시 초록색 LED와 함께 탐색을 시작하나요?	○	○

점검하기   아래 항목을 점검하고 잘 작동하지 않은 경우에는 수정해 봅시다.

앞에 침입자가 있어도 작동하지 않아요.

적외선 장애물 센서의 민감도를 소형 드라이버로 조절해 보세요.
또한, 올바른 곳에 센서를 연결했는지, 연결한 신호선에 맞게 올바른 명령 블록으로 조립하였는지 확인하세요.

소리가 나지 않아요.

뉴마이크로비트에만 스피커가 내장되어 있습니다. 가지고 있는 마이크로비트 뒷면에 스피커가 있는지 확인해 보세요.

읽을
거리

인공지능도 이젠 예술가

오른쪽 그림은 누가 그렸을
까요?

인공지능 기술이 발달하면
서 인간 고유의 영역이라고
믿어왔던 문화·예술 분야에
서 인공지능의 한 분야인 로
봇 알고리즘을 활용한 창작
품들이 나타나고 있습니다.

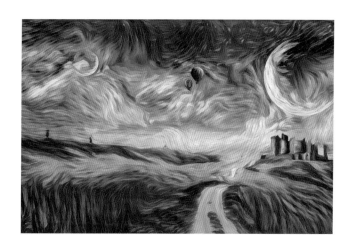

구글에서 개발한 AI 화가 딥 드림이 대표적인 예입니다. 구글 딥 드림은 구글 엔지
니어 알렉산더 모드빈체프(Alexander Mordvintsev)가 만든 컴퓨터 비전 프로그램
입니다. 인공 신경망 기반의 컴퓨터 학습 방식인 딥러닝 기술을 시각 이미지에 적용
한 기술로 결과물이 마치 꿈을 꾸는 듯한 추상적인 이미지를 닮았다고 해서 '딥 드림'
이라고 합니다. 딥 드림은 이미지의 패턴, 즉 내용이 무엇인지 인식하도록 만든 인공
지능으로, 새로운 이미지가 입력되면 그 요소를 잘게 분해해
서 자신이 기존에 학습했던 이미지 패턴과 유사한 것과 그렇
지 않은 것을 구분합니다. 또한 자신이 알고 있는 패턴을 처
음 본 이미지에 적용하여 새로운 이미지를 만듭니다.

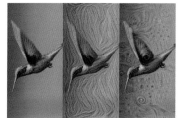

사진 출처: https://deepdreamgenerator.com/

3

마이크로비트와
함께 배우는
AI

시작해요! 스크래치와 마이크로비트

3부에서는 마이크로비트와 함께 AI를 배우기 위해 머신러닝 포 키즈(machine learning for kids)를 사용합니다. 머신러닝 포 키즈는 블록형 프로그래밍 언어인 스크래치(Scratch)를 사용하는데, 스크래치에서 마이크로비트를 사용하려면 다음과 같은 연결 절차를 거쳐야 합니다.

[요구 사항: 운영체제 Windows 10+]

❶ 마이크로비트를 연결한 뒤, (확장 기능 추가)하기를 선택합니다.

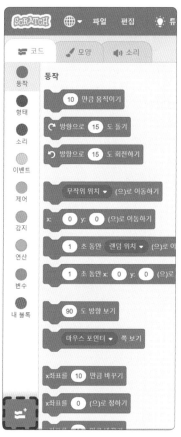

❺ HEX 파일을 다운로드 한 뒤, MICROBIT 이동식 디스크 위치에 옮깁니다.

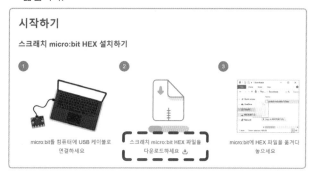

❹ Scratch Link 파일을 설치합니다.

http://scratch.mit.edu/microbit

❷ micro:bit를 선택합니다.

❸ 마이크로비트와 스크래치 3.0을 처음 연결할 때에는 도움말을 선택합니다.

❻ Bluetooth 및 기타 디바이스에서 Bluetooth 또는 기타 장치 추가를 누릅니다. 데스크톱 컴퓨터에서는 블루투스 기능을 하는 동글(dongle)을 사용해야 하며 동글은 별매입니다.

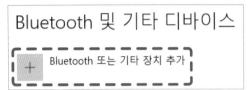

❼ Bluetooth를 선택합니다.

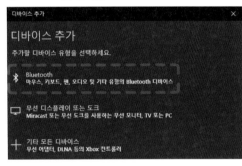

❽ BBC micro:bit를 선택합니다.

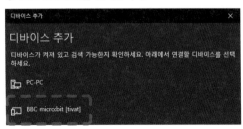

❶ 지금부터 마이크로비트 블록을 사용할 수 있습니다.

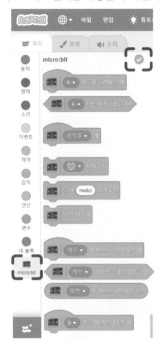

❿ 마이크로비트를 연결합니다.

❾ BBC micro:bit가 연결되면 완료를 누릅니다.

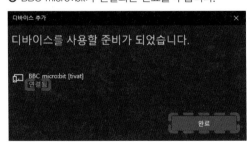

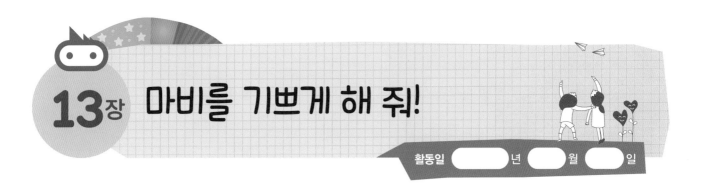

13장 마비를 기쁘게 해 줘!

1 이번에는 무엇을 할까요?

식물에게 좋은 말을 계속 해 주면 나쁜 말을 해 줄 때 보다 성장이 더 빠르다고 합니다.
입력하는 단어에 따라 기뻐하거나 슬퍼하는 인공지능 프로그램을 만들어 봅시다.

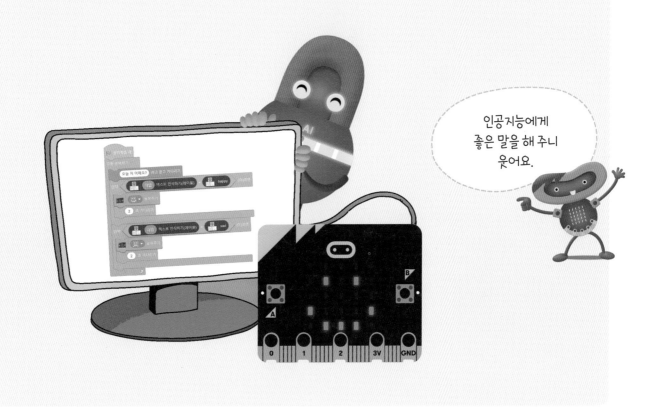

> 인공지능에게
> 좋은 말을 해 주니
> 웃어요.

활동 목표

❶ 텍스트 데이터를 이용하여 인공지능 모델을 만들 수 있다.
❷ 단어를 입력하면 인공지능이 텍스트를 인식하여 그 기분을
아이콘으로 출력할 수 있다.

준비물

• 마이크로비트
• 컴퓨터
• 동글
• USB 케이블

인공지능을 준비해요

인공지능 프로젝트 진행 순서를 살펴보고, 인공지능 모델을 만들어 봅시다.

인공지능 프로젝트 진행 순서

1 만들고 싶은 인공지능 모델 구상하기

마비를 기쁘게 하거나 슬프게 하기 위해 기쁘게 하는 단어와 슬프게 하는 단어를 구분하는 인공지능 모델을 만듭니다.

2 훈련하기

학습 데이터로 기분을 나타내는 단어를 수집하고, 즐거운 단어와 슬픈 단어 두 가지로 분류하여 준비합니다.

3 학습 및 평가하기

단어를 통해 어떤 단어가 기쁘게 해 주는 단어이고 슬프게 하는 단어인지 컴퓨터가 스스로 배웁니다.
학습이 완료되면 학습하지 않은 새로운 단어를 입력해서 학습이 잘되었는지 평가합니다.

4 마비를 기쁘게 하는 프로그램 만들기

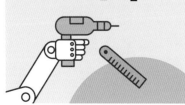

이제 컴퓨터에 입력하는 단어에 따라 마비가 기쁜지 슬픈지 알 수 있게 되었으니, 이것을 이용해서 마비를 기쁘게 해 줘! 프로그램을 만들어 봅시다.

인공지능 모델 만들기

기쁘게 하거나 슬프게 하는 말을 입력하면 단어를 구분할 수 있는 인공지능 모델을 만들어 봅시다. 회원 가입 안내서는 씨마스에듀 자료실에서 다운로드하세요.

씨마스 에듀 자료실

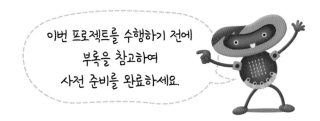

1   Chrome(◎) 브라우저의 주소 창에 'https://machinelearningforkids.co.uk'를 입력하여 머신러닝 포 키즈 사이트로 이동한 후, [시작해 봅시다] 버튼을 클릭합니다.

2   로그인한 다음, [프로젝트로 이동] 링크를 클릭합니다.

3 [프로젝트 추가] 버튼을 클릭합니다.

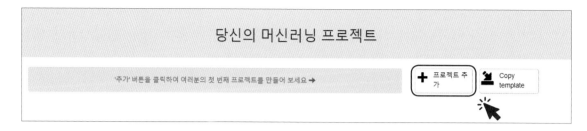

4 프로젝트 이름에 'make happy'를 입력하고, 인식 방법을 '텍스트', 언어는 'Korean'을 선택한 후, [만들기] 버튼을 클릭합니다.

5 [make happy] 프로젝트를 클릭합니다.

6 [훈련] 버튼을 클릭합니다.

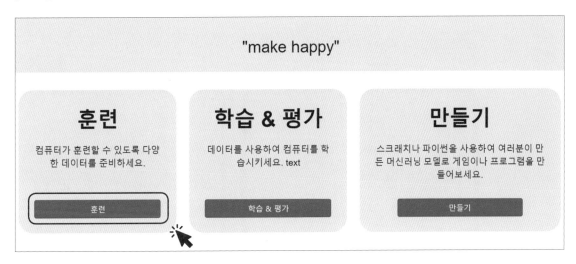

7 [새로운 레이블 추가]를 클릭하고 'happy' 레이블과 'sad' 레이블을 만듭니다.

8 [데이터 추가] 버튼을 누르고 각각의 레이블에 즐거운 단어와 슬픈 단어 데이터를 입력합니다.

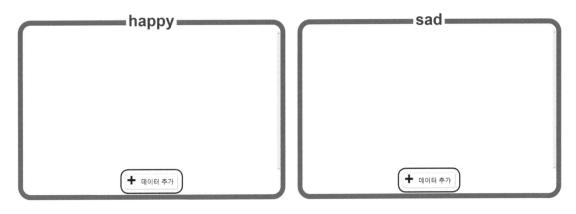

9 각 레이블에 단어를 충분히(각각 최소 단어 10개 이상) 추가한 뒤 [프로젝트로 돌아가기] 링크를 클릭합니다.

10 [학습 & 평가] 버튼을 클릭합니다.

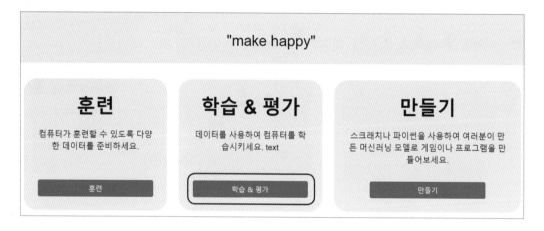

11 [새로운 머신 러닝 모델을 훈련시켜보세요.] 버튼을 클릭합니다. 텍스트 데이터를 통해 학습하는 과정은 데이터의 양에 따라 다소 시간이 걸릴 수 있습니다.

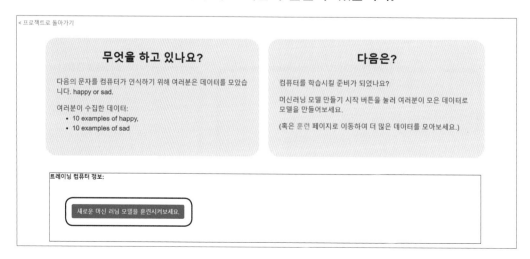

12 F5 키를 눌러 페이지를 새로 고침하여 모델이 완성되었는지 확인합니다.

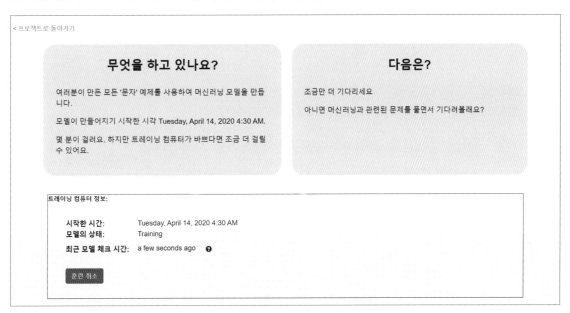

13 단어를 추가하고 [테스트] 버튼을 클릭하여 학습이 올바르게 이루어졌는지 점검해 봅니다.

14 인공지능 모델의 정확도가 낮다면 단어를 추가하여 다시 학습합니다. 인식이 잘 된다면 [프로젝트로 돌아가기] 링크를 클릭합니다.

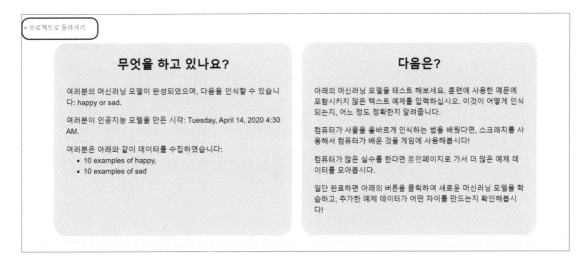

프로그래밍해 보아요

앞에서 작성한 모델을 이용하여 마비를 기쁘게 해 주는 프로그램을 만들어 봅시다.

명령 블록 준비하기

1 [만들기] 버튼을 클릭하여 프로그램 만들기를 시작합니다.

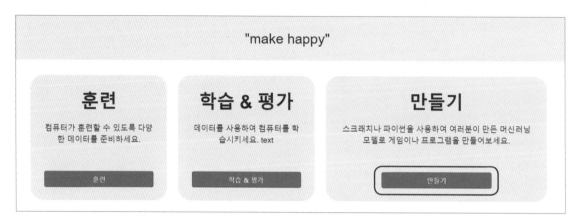

2 [스크래치 3] 버튼을 클릭한 후, [스크래치 3 열기] 버튼을 클릭합니다.

3 좌측 하단의 [확장 기능 추가] (⚡)버튼을 클릭한 후, 'micro:bit'를 선택합니다.

4 스크래치 3와 마이크로비트를 연결한 후 [편집기로 가기] 버튼을 클릭하면 왼쪽 명령 블록 모음에 마이크로비트 관련 명령 블록이 추가된 것을 확인할 수 있습니다.

인공지능이 입력한 단어를 판단하여 마이크로비트 LED 디스플레이에 아이콘을 출력합니다.

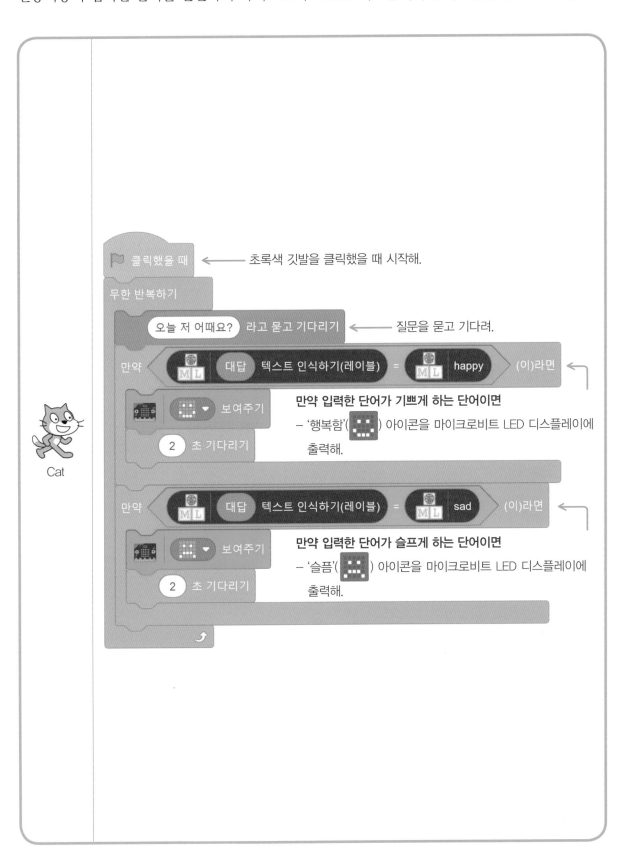

 **확인해 보아요**

완성된 프로그램을 실행해 보면서 실행 결과에 이상이 없는지 점검해 봅시다.

 실행하기　아래 항목이 잘 작동하는지 확인해 봅시다.

항목	예	아니요
❶ 기쁘게 하는 단어를 입력했을 때 '행복함' 아이콘이 마이크로비트 LED 디스플레이에 출력되나요?	○	○
❷ 슬프게 하는 단어를 입력했을 때 '슬픔' 아이콘이 마이크로비트 LED 디스플레이에 출력되나요?	○	○

 점검하기　아래 항목을 점검하고 잘 작동하지 않은 경우에는 수정해 봅시다.

입력창이 나타나지 않아요.

스크래치 3의 명령 블록이 올바르게 작성되었는지 확인해 보세요.

기쁘게 해 주는 단어를 입력해도 슬픈 표정이 출력돼요.

레이블에 기쁘게 해 주는 단어를 추가하여 다시 학습시켜 보세요.

14장 내 표정 따라 해 봐!

1 이번에는 무엇을 할까요?

내가 웃으면 마비도 함께 웃고, 내가 슬픈 표정을 지으면 마비도 슬픈 표정을 짓는 인공지능 프로그램을 만들어 봅시다.

너 그거 알아? 말레이곰은 친해지고 싶을 때 '표정'을 따라 한대.

자, 찍습니다!

와! 그래? 그럼 나도 너랑 친해지고 싶으니까 짜잔~

🎯 활동 목표

❶ 이미지 데이터를 이용하여 인공지능 모델을 만들 수 있다.

❷ 표정을 인식하여 행복한 표정과 슬픈 표정을 구분하는 프로그램을 만들 수 있다.

☑ 준비물

• 마이크로비트
• 컴퓨터
• 웹캠
• 동글
• USB 케이블

인공지능을 준비해요

인공지능 프로젝트 진행 순서를 살펴보고, 인공지능 모델을 만들어 봅시다.

인공지능 프로젝트 진행 순서

1 만들고 싶은 인공지능 모델 구상하기

내 표정을 따라 하는 프로그램을 만들기 위해 행복한 표정과 슬픈 표정을 구분하는 인공지능 모델을 만듭니다.

2 훈련하기

얼굴 표정 사진을 모아 행복한 표정과 슬픈 표정 두 가지로 분류하여 준비합니다.

3 학습 및 평가하기

수집한 행복한 표정과 슬픈 표정 사진을 통해 어떤 표정이 행복하고 슬픈지 컴퓨터가 스스로 배웁니다.
학습이 완료되면 새로운 표정 사진을 보여 주어 학습이 잘되었는지 평가합니다.

4 표정을 따라 하는 프로그램 만들기

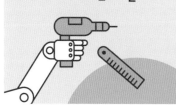

이제 컴퓨터가 어떤 표정이 행복하고 슬픈지 알 수 있게 되었으니, 이것을 이용하여 내 표정을 따라 하는 프로그램을 만들어 봅시다.

인공지능 모델 만들기

웃는 표정 사진과 슬픈 표정 사진을 이용하여 내 표정을 인식하는 인공지능 모델을 만들어 봅시다.

1 프로젝트 이름에 'face copy mabi'를 입력하고 인식 방법을 '이미지'로 선택한 후 [만들기] 버튼을 클릭합니다. 생성된 'face copy mabi' 프로젝트를 선택합니다.

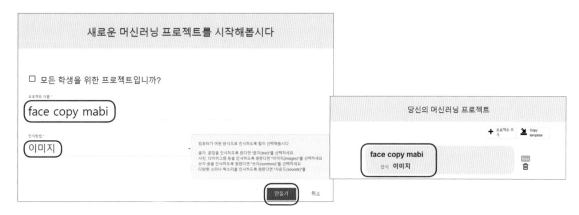

2 [훈련] 버튼을 클릭합니다.

3 [새로운 레이블 추가] 버튼을 클릭하여 'happy', 'sad' 레이블을 만듭니다.

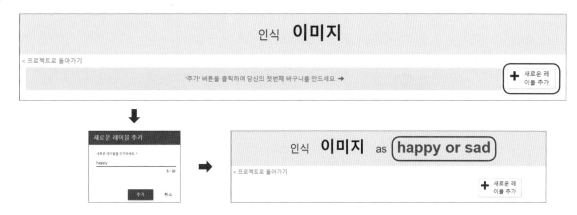

4 웹캠 버튼을 클릭한 후, 각각의 레이블에 행복한 표정과 슬픈 표정을 입력합니다.

5 각 레이블에 이미지 데이터를 각각 최소 10개 이상 충분히 입력한 후, [프로젝트로 돌아가기] 링크를 클릭합니다.

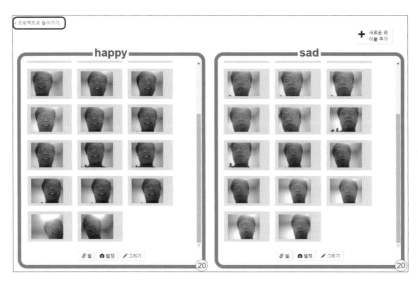

TIP 적은 양의 데이터로 인공지능을 학습시키려면 화면에 얼굴이 가득 차도록 사진을 찍되, 행복한 표정과 슬픈 표정을 확실하게 구분 지어 찍습니다.

6 [학습 & 평가] 버튼을 클릭합니다.

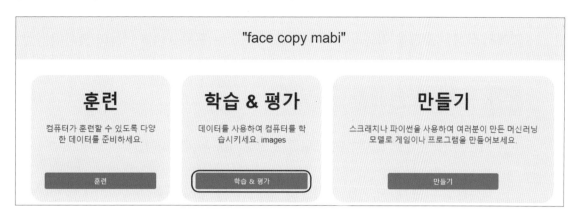

7 [새로운 머신 러닝 모델을 훈련시켜보세요.] 버튼을 클릭합니다. 이미지 데이터를 통해 학습하는 과정은 데이터의 양에 따라 다소 시간이 걸릴 수 있습니다.

8 F5키를 눌러 페이지를 새로 고침하여 모델이 완성되었는지 확인합니다. 완성되었다면 [웹캠으로 테스트하기] 버튼을 클릭하여 올바르게 학습이 이루어졌는지 점검해 봅니다.

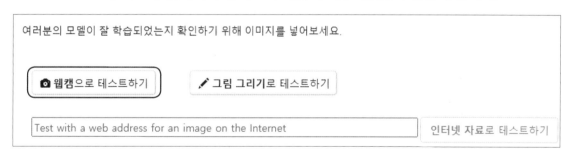

9 인공지능 모델의 정확도가 낮다면 이미지 데이터를 추가하여 다시 학습시킵니다.
인식이 잘된다면 좌측 상단의 [프로젝트로 돌아가기] 링크를 클릭합니다.

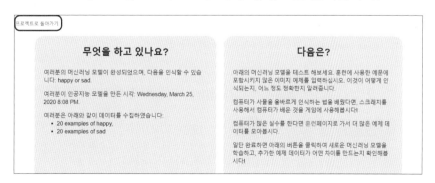

3 프로그래밍해 보아요

앞에서 작성한 모델을 이용하여 내 표정을 따라 하는 프로그램을 만들어 봅시다.

명령 블록 준비하기

1 [만들기] 버튼을 클릭하여 프로그램 만들기를 시작합니다.

2 좌측 하단의 [확장 기능 추가] (📰) 버튼을 클릭한 후, 'micro:bit'를 선택합니다.

3 화면 좌측 하단의 [확장 기능 추가하기] (📰) 버튼을 클릭한 후, [비디오 감지]를 클릭하여 비디오 감지 관련 명령 블록을 추가합니다.

4 스크래치의 배경과 스프라이트를 추가하여 화면을 구성합니다.

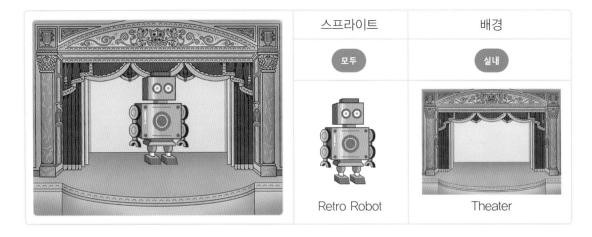

스프라이트	배경
모두	실내
Retro Robot	Theater

① '배경 고르기' – 실내 – 'Theater' 배경을 선택하여 추가합니다.

② 스프라이트 고르기 🐱 — 모두 — 'Retro Robot'를 선택하여 추가합니다.

③ 'Retro Robot' 를 X:0 Y:0 위치에 이동시킵니다.

🏛 명령 블록 조립하기

표정을 인식한 후, 각 레이블에 맞는 아이콘을 마이크로비트 LED 디스플레이에 출력합니다.

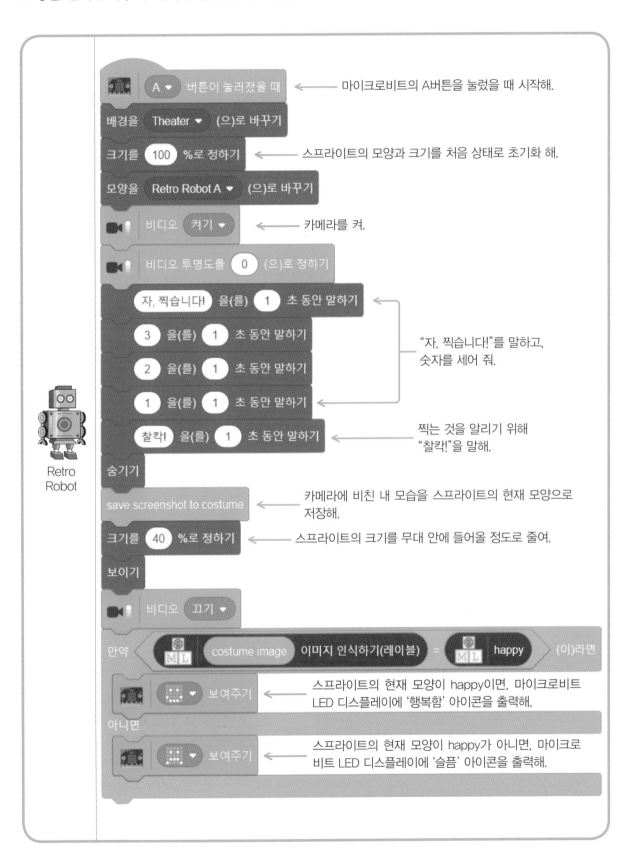

A ▼ 버튼이 눌러졌을 때 ← 마이크로비트의 A버튼을 눌렀을 때 시작해.

배경을 Theater ▼ (으)로 바꾸기

크기를 100 %로 정하기 ← 스프라이트의 모양과 크기를 처음 상태로 초기화 해.

모양을 Retro Robot A ▼ (으)로 바꾸기

비디오 켜기 ▼ ← 카메라를 켜.

비디오 투명도를 0 (으)로 정하기

자, 찍습니다! 을(를) 1 초 동안 말하기 ←

3 을(를) 1 초 동안 말하기

2 을(를) 1 초 동안 말하기 ← "자, 찍습니다!"를 말하고, 숫자를 세어 줘.

1 을(를) 1 초 동안 말하기

찰칵! 을(를) 1 초 동안 말하기 ← 찍는 것을 알리기 위해 "찰칵!"을 말해.

Retro Robot

숨기기

save screenshot to costume ← 카메라에 비친 내 모습을 스프라이트의 현재 모양으로 저장해.

크기를 40 %로 정하기 ← 스프라이트의 크기를 무대 안에 들어올 정도로 줄여.

보이기

비디오 끄기 ▼

만약 〈 M L costume image 이미지 인식하기(레이블) = M L happy 〉 (이)라면

보여주기 ← 스프라이트의 현재 모양이 happy이면, 마이크로비트 LED 디스플레이에 '행복함' 아이콘을 출력해.

아니면

보여주기 ← 스프라이트의 현재 모양이 happy가 아니면, 마이크로비트 LED 디스플레이에 '슬픔' 아이콘을 출력해.

확인해 보아요

완성된 프로그램을 실행해 보면서 실행 결과에 이상이 없는지 점검해 봅시다.

 실행하기　아래 항목이 잘 작동하는지 확인해 봅시다.

항목	예	아니요
❶ 웃는 표정을 짓고 마이크로비트의 A버튼을 눌렀을 때 마이크로비트 LED 디스플레이에 '행복함' 아이콘이 출력되나요?	○	○
❷ 슬픈 표정을 짓고 마이크로비트의 A버튼을 눌렀을 때 마이크로비트 LED 디스플레이에 '슬픔' 아이콘이 출력되나요?	○	○

 점검하기　아래 항목을 점검하고 잘 작동하지 않은 경우에는 수정해 봅시다.

마이크로비트가 스크래치 3에서 인식되지 않아요.

스크래치 3에서 마이크로비트를 사용하기 위해서는 Scratch Link를 PC에 설치하고 관련 .hex 파일을 마이크로비트에 업로드해야 합니다. 155쪽의 '시작해요! 스크래치와 마이크로비트'를 참고하여 진행하세요.

표정 인식이 정확하지 않아요.

웃는 표정과 슬픈 표정 이미지 데이터를 더 많이 수집해서 인공지능에게 학습시켜 보세요. 이때 인공지능이 우리의 표정을 잘 구분하도록 표정을 확실하게 구분할 수 있는 이미지가 필요해요.

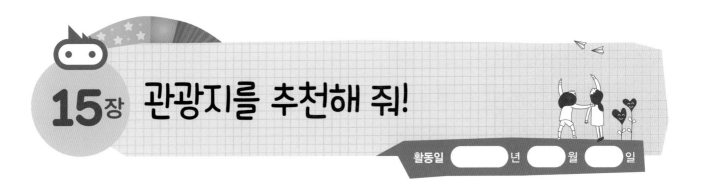

15장 관광지를 추천해 줘!

① 이번에는 무엇을 할까요?

서울을 관광하려는 친구에게 어느 곳을 구경시켜줘야 할지 고민이네요.
사용자의 데이터를 입력하면 관광지를 추천하는 인공지능 프로그램을 만들어 봅시다.

오늘의 추천 관광지는 국립 중앙박물관입니다.

여행 구성원과 여행 목적, 여유 시간을 입력하니까 관광지를 추천해 주네!

국립중앙박물관
museum

🎯 활동 목표

❶ 숫자 데이터를 이용하여 인공지능 모델을 만들 수 있다.
❷ 입력한 숫자에 따라 관광지를 추천하는 프로그램을 만들 수 있다.

☑ 준비물

• 마이크로비트
• 컴퓨터
• 동글
• USB 케이블

② 인공지능을 준비해요

인공지능 프로젝트 진행 순서를 살펴보고, 인공지능 모델을 만들어 봅시다.

인공지능 프로젝트 진행 순서

1 만들고 싶은 인공지능 모델 구상하기

여행객이 자신의 상황에 알맞은 장소를 여행할 수 있도록 숫자 데이터를 입력하면 관광지를 추천하는 인공지능 모델을 만듭니다.

2 훈련하기

학습 데이터로 여행 구성원, 여행 목적, 여유 시간을 수집한 후 숫자 데이터로 바꾸고, 추천할 관광지를 국립중앙박물관, 서울숲, 동대문 시장 세 가지로 분류하여 준비합니다.

3 학습 및 평가하기

숫자 데이터를 통해 여행객의 상황에 따라 어떤 관광지를 추천할지 컴퓨터가 스스로 배웁니다.
학습이 완료되면 학습하지 않은 새로운 숫자 데이터를 입력해서 학습이 잘되었는지 평가합니다.

4 관광지를 추천하는 프로그램 만들기

이제 컴퓨터에 입력하는 숫자 데이터에 따라 인공지능이 여행객의 상황에 알맞은 관광지를 알 수 있게 되었으니, 이것을 이용해서 관광지를 추천하는 프로그램을 만들어 봅시다.

인공지능 모델 만들기

1 프로젝트 이름에 'travel'을 입력하고 인식 방법을 '숫자'로 선택합니다.
세 가지 특성(여행 구성원, 여행 목적, 여유 시간)을 입력받기 위해 [ADD A VALUE]와 [ADD ANOTHER VALUE]를 클릭하여 변수를 추가한 후, [만들기] 버튼을 클릭합니다.
생성된 [travel] 프로젝트를 클릭합니다.

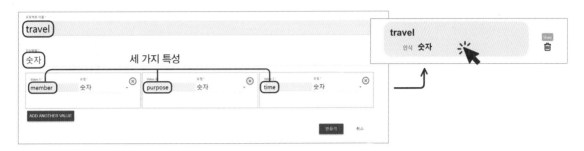

2 [훈련] 버튼을 클릭합니다.

3 [새로운 레이블 추가] 버튼을 클릭하고, 'museum', 'park', 'market' 레이블을 만듭니다.

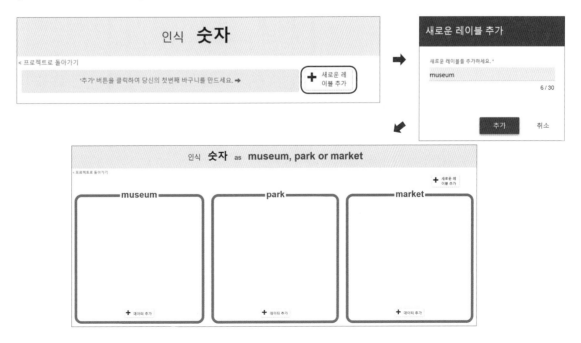

4 [데이터 추가] 버튼을 클릭하여 데이터 형식에 알맞게 데이터를 추가합니다.

※ 데이터 형식: (여행 구성원, 여행 목적, 여유 시간)

여행 구성원 (member)	표현
아이 포함 가족	1
20~30대	2
30~40대 이상	3

여행 목적 (purpose)	표현
관광	1
휴식	2
쇼핑	3

여유 시간 (time)	표현
1~10시간	1~10

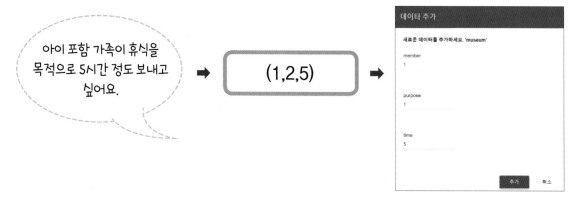

아이 포함 가족이 휴식을 목적으로 5시간 정도 보내고 싶어요. → (1,2,5) →

5 'museum', 'park', 'market' 레이블에 아래 데이터를 입력합니다.

국립중앙박물관	서울숲	동대문 시장
(1,1,6)	(2,2,1)	(1,3,3)
(1,1,5)	(2,2,3)	(2,3,4)
(1,1,7)	(1,2,5)	(2,3,3)
(2,1,5)	(2,2,5)	(2,3,5)
(2,1,6)	(3,1,3)	(3,3,4)
(3,1,5)	(3,1,2)	(3,3,2)
(3,1,7)	(3,2,1)	(3,3,3)
(1,2,7)	(1,2,1)	(3,1,3)
(2,1,7)	(2,2,1)	(2,1,4)
(3,1,9)	(2,2,2)	(2,1,3)

6 프로젝트로 돌아가서 [학습 & 평가] 버튼을 클릭합니다.

7 [새로운 머신 러닝 모델을 훈련시켜보세요.]를 클릭합니다. 숫자 데이터를 통해 학습하는 과정은 데이터의 양에 따라 다소 시간이 걸릴 수 있습니다.

> 트레이닝 컴퓨터 정보:
>
> (새로운 머신 러닝 모델을 훈련시켜보세요.)

8 F5 키를 눌러 페이지를 새로 고침하여 모델이 완성되었는지 확인합니다. 완성되었다면 member, purpose, time 칸에 데이터를 넣고 [테스트] 버튼을 클릭하여 올바르게 학습이 이루어졌는지 점검해 봅니다.

> 여러분의 모델이 잘 학습되었는지 확인하기 위해 숫자를 넣어보세요.
>
> member   1
> purpose   1
> time   5
>
> [테스트]   Describe your model!
>
> **park**(으)로 인식되었습니다.
> with 100% confidence

9 인공지능 모델의 정확도가 낮다면 데이터를 추가하여 다시 학습합니다. 인식이 잘 된다면 좌측 상단의 [프로젝트로 돌아가기] 링크를 클릭합니다.

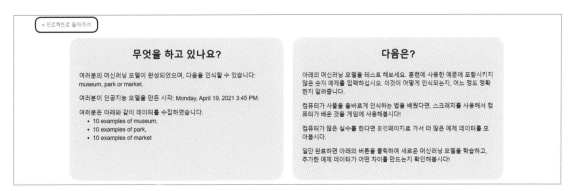

앞에서 작성한 모델을 이용하여 관광지를 추천하는 프로그램을 만들어 봅시다.

명령 블록 준비하기

1 [만들기] 버튼을 클릭하여 프로그램 만들기를 시작합니다.

2 좌측 하단의 [확장 기능 추가] ( ) 버튼을 클릭한 후, 'micro:bit'를 선택합니다.

3 스크래치의 배경과 스프라이트를 추가하여 화면을 구성합니다.

스프라이트	배경
동물	실외
Cat	Colorful City

① '배경 고르기' — 실외 — 'Colorful City' 배경을 선택하여 추가합니다.

② 스프라이트 고르기 — 모두 — 'Cat'을 선택하여 추가합니다.

③ 'Cat'을 원하는 위치에 이동시킵니다.

명령 블록 조립하기

숫자를 입력하면 인공지능이 판단하여 추천 관광지를 스크래치 화면과 마이크로비트 LED 디스플레이에 출력합니다.

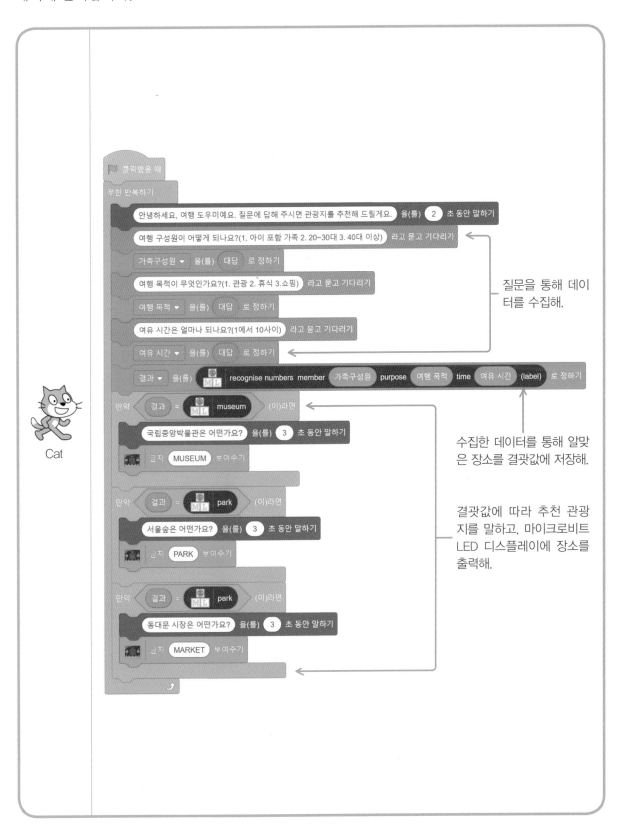

질문을 통해 데이터를 수집해.

수집한 데이터를 통해 알맞은 장소를 결괏값에 저장해.

결괏값에 따라 추천 관광지를 말하고, 마이크로비트 LED 디스플레이에 장소를 출력해.

확인해 보아요

완성된 프로그램을 실행해 보면서 실행 결과에 이상이 없는지 점검해 봅시다.

 실행하기 　아래 항목이 잘 작동하는지 확인해 봅시다.

항목	예	아니요
❶ 데이터를 입력했을 때 추천 관광지가 마이크로비트 LED 디스플레이에 출력되나요?	○	○

 점검하기 　아래 항목을 점검하고 잘 작동하지 않은 경우에는 수정해 봅시다.

입력창이 나타나지 않아요.

스크래치 3의 명령 블록이 올바르게 작성되었는지 확인해 보세요.

다른 숫자 데이터를 입력해도 같은 장소만 출력돼요.

레이블에 데이터를 추가하여 학습시켜 보세요.

16장 어디로 갈까?

① 이번에는 무엇을 할까요?

자전거를 탈 때 어느 쪽으로 갈 것인지 뒷사람에게 표시해 주면 서로 부딪히지 않을 것 같아요. 주행 중 음성으로 자전거의 이동 방향을 표시할 수 있는 방법을 찾아봅시다.

음성으로 이동 방향을 표시할 수 있으니까 안전하고 편리해.

◎ 활동 목표

❶ 소리 데이터를 이용하여 인공지능 모델을 만들 수 있다.

❷ 내 음성을 인식하여 자전거의 이동 방향을 표시하는 인공지능 프로그램을 만들 수 있다.

☑ 준비물

- 마이크로비트
- 컴퓨터
- 마이크
- 동글
- USB 케이블

인공지능을 준비해요

인공지능 프로젝트 진행 순서를 살펴보고, 인공지능 모델을 만들어 봅시다.

 인공지능 프로젝트 진행 순서

1 만들고 싶은 인공지능 모델 구상하기

음성 인식 자전거 지시등을 만들기 위해서는 왼쪽을 의미하는 음성과 오른쪽을 의미하는 음성을 구분하는 인공지능 모델을 만듭니다.

2 훈련하기

'좌'라고 말하는 나의 음성과 '우'라고 말하는 나의 음성을 통해 왼쪽과 오른쪽 두 가지로 분류하여 준비합니다.

3 학습 및 평가하기

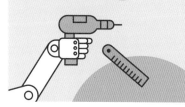

수집한 '좌'라는 음성과, '우'라는 음성을 통해 어떤 소리가 왼쪽이고 오른쪽인지 컴퓨터가 스스로 배웁니다.
다 배운 후에는 음성의 높낮이를 바꿔 들려주면서 잘 배웠는지 평가합니다.

4 음성 인식 자전거 지시등 만들기

이제 컴퓨터가 어떤 소리가 왼쪽이고 오른쪽인지 알 수 있게 되었으니 이것을 이용하여 음성 인식 자전거 지시등을 만들어 봅시다.

🔧 인공지능 모델 만들기

'좌'라는 음성과 '우'라는 음성을 이용하여 자전거의 방향을 인식하는 인공지능 모델을 만들어 봅시다.

1 프로젝트 이름에 자전거 지시등 'turnSignal'을 입력하고 인식 방법을 '소리'로 선택한 후 [만들기] 버튼을 클릭합니다. 생성된 'turnSignal' 프로젝트를 선택합니다.

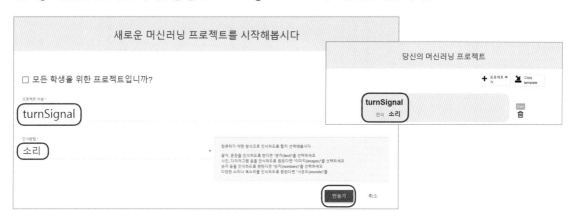

2 [훈련] 버튼을 클릭합니다.

3 [새로운 레이블 추가] 버튼을 클릭하여 'left', 'right', 'forward' 레이블을 만듭니다.

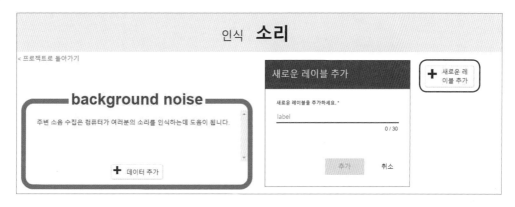

④ [데이터 추가] 버튼을 클릭하여 'left' 레이블에는 '좌' 음성, 'right' 레이블에는 '우' 음성, 'forward' 레이블에는 '음성을 내지 않았을 때의 소리'를 입력합니다(마이크 사용 권한을 허용해야 합니다.).

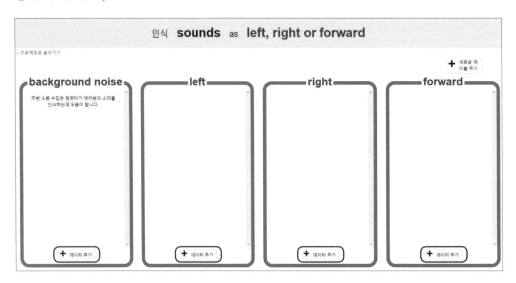

⑤ 각 레이블에 소리를 각각 최소 10개 이상 충분한 데이터를 입력한 후 [프로젝트로 돌아가기] 링크를 클릭합니다.

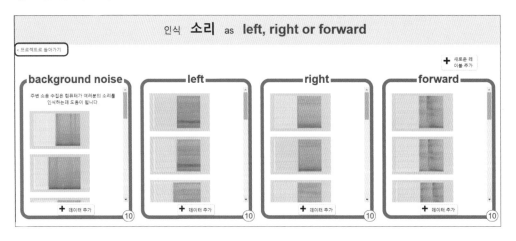

 적은 양의 데이터로 인공지능을 학습시키기 위해, 모음을 최대한 일정하고 길게 발음을 하여 3초 간의 녹음 데이터에 공백 음이 없이 '좌'와 '우' 발음이 확실하게 구분되도록 해 봅시다.

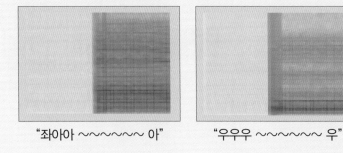

"좌아아 ~~~~~ 아"　　"우우우 ~~~~~ 우"

6 [학습 & 평가] 버튼을 클릭합니다.

7 [새로운 머신 러닝 모델을 훈련시켜보세요.] 버튼을 클릭합니다. 소리 데이터를 통해 학습하는 과정은 데이터의 양에 따라 다소 시간이 걸릴 수 있습니다.

8 F5 키를 눌러 페이지를 새로 고침하여 모델이 완성되었는지 확인합니다. 완성되었다면 [듣기 시작] 버튼을 클릭하여 올바르게 학습이 이루어졌는지 점검해 봅니다.

9 인공지능 모델의 정확도가 낮다면 소리 데이터를 추가하여 다시 학습합니다. 인식이 잘 된다면 좌측 상단의 [프로젝트로 돌아가기] 링크를 클릭합니다.

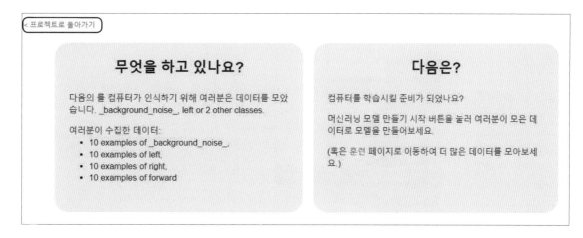

(3) 프로그래밍해 보아요

앞에서 작성한 모델을 이용하여 음성으로 방향을 표시하는 프로그램을 만들어 봅시다.

명령 블록 준비하기

1 [만들기] 버튼을 클릭하여 프로그램 만들기를 시작합니다.

2 좌측 하단의 [확장 기능 추가] ( ) 버튼을 클릭한 후, 'micro:bit'를 선택합니다.

3 스크래치의 배경과 스프라이트를 추가하여 화면을 구성합니다.

	스프라이트		배경
	동물	글자	실외
	cat 2(자전거)	Grow-P(주차장)	Urban

① '배경 고르기' – 실외 – 'urban' 배경을 선택하여 추가합니다.

② 스프라이트 고르기 – 동물 – 'Cat 2'를 선택 후 스프라이트의 이름을 '자전거'로 변경합니다.

③ 이어서 글자 – 'Grow-P'를 선택하고 스프라이트의 이름을 '주차장'으로 변경합니다.

명령 블록 조립하기

주차장에 '자전거'가 닿으면 '주차 완료!'를 말풍선으로 표시합니다.

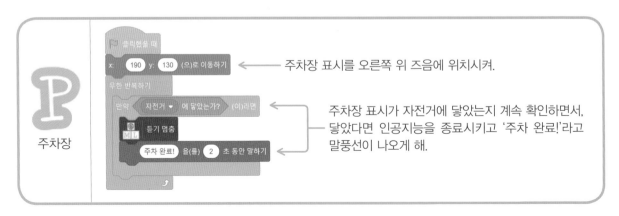

주차장 표시를 오른쪽 위 즈음에 위치시켜.

주차장 표시가 자전거에 닿았는지 계속 확인하면서, 닿았다면 인공지능을 종료시키고 '주차 완료!'라고 말풍선이 나오게 해.

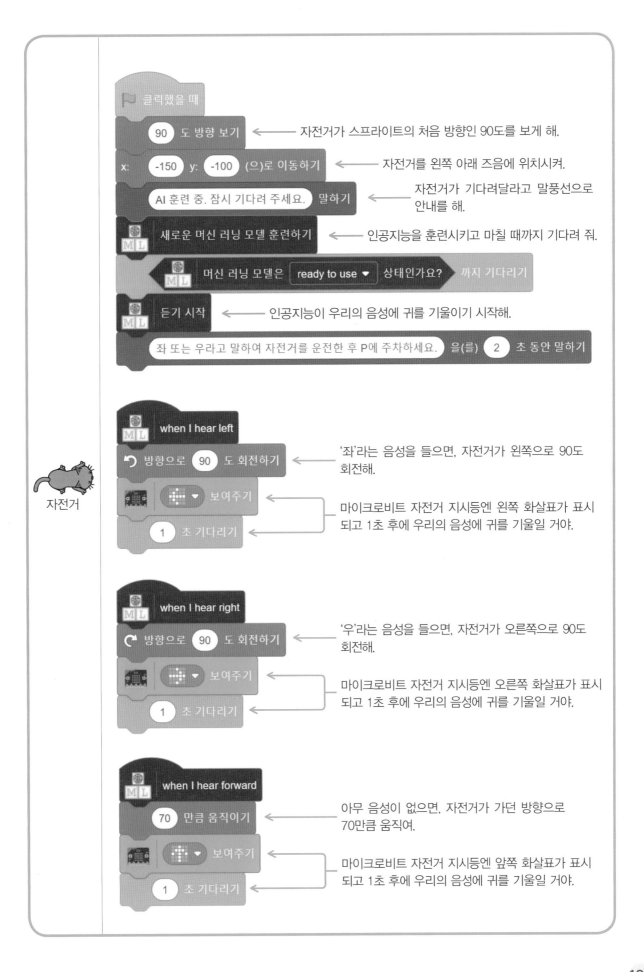

클릭했을 때

90 도 방향 보기 ← 자전거가 스프라이트의 처음 방향인 90도를 보게 해.

x: -150 y: -100 (으)로 이동하기 ← 자전거를 왼쪽 아래 즈음에 위치시켜.

AI 훈련 중. 잠시 기다려 주세요. 말하기 ← 자전거가 기다려달라고 말풍선으로 안내를 해.

새로운 머신 러닝 모델 훈련하기 ← 인공지능을 훈련시키고 마칠 때까지 기다려 줘.

머신 러닝 모델은 ready to use ▼ 상태인가요? 까지 기다리기

듣기 시작 ← 인공지능이 우리의 음성에 귀를 기울이기 시작해.

좌 또는 우라고 말하여 자전거를 운전한 후 P에 주차하세요. 을(를) 2 초 동안 말하기

자전거

when I hear left

↺ 방향으로 90 도 회전하기 ← '좌'라는 음성을 들으면, 자전거가 왼쪽으로 90도 회전해.

보여주기 ←
1 초 기다리기 ← 마이크로비트 자전거 지시등엔 왼쪽 화살표가 표시 되고 1초 후에 우리의 음성에 귀를 기울일 거야.

when I hear right

↻ 방향으로 90 도 회전하기 ← '우'라는 음성을 들으면, 자전거가 오른쪽으로 90도 회전해.

보여주기 ←
1 초 기다리기 ← 마이크로비트 자전거 지시등엔 오른쪽 화살표가 표시 되고 1초 후에 우리의 음성에 귀를 기울일 거야.

when I hear forward

70 만큼 움직이기 ← 아무 음성이 없으면, 자전거가 가던 방향으로 70만큼 움직여.

보여주기 ←
1 초 기다리기 ← 마이크로비트 자전거 지시등엔 앞쪽 화살표가 표시 되고 1초 후에 우리의 음성에 귀를 기울일 거야.

확인해 보아요

완성된 프로그램을 실행해 보면서 실행 결과에 이상이 없는지 점검해 봅시다.

 실행하기　　아래 항목이 잘 동작하는지 확인해 봅시다.

항목	예	아니요
❶ '좌'라고 말하면 자전거 스프라이트가 왼쪽으로 90도 회전하고, 마이크로비트에 왼쪽 화살표가 출력되나요?	○	○
❷ '우'라고 말하면 자전거 스프라이트가 오른쪽으로 90도 회전하고, 마이크로비트에 오른쪽 화살표가 출력되나요?	○	○
❸ 아무 말도 하지 않으면 자전거 스프라이트가 가던 방향으로 직진하다가 주차장 표시에 닿으면 멈추나요?	○	○

 점검하기　　아래 항목을 점검하고 잘 작동하지 않은 경우에는 수정해 봅시다.

자전거의 이동 속도가 너무 빨라요.

'~만큼 움직이기' 블록 안의 숫자를 작은 값으로 바꿔 보세요.

음성 인식이 정확하지 않아요.

186쪽 TIP을 참고하여 음성 데이터를 수집해 보세요.

17장 내가 돌봐 줄게!

1 이번에는 무엇을 할까요?

컴퓨터 안에 사는 귀여운 반려동물이 잘 클 수 있도록 밥도 주고 놀아 주어야 합니다.
이미지 카드를 이용하여 컴퓨터 속 반려동물을 키우는 프로그램을 만들어 봅시다.

🎯 활동 목표

❶ 이미지 데이터를 이용하여 인공지능 모델을 만들 수 있다.
❷ 이미지 카드를 활용하여 상호작용하는 인공지능 프로그램을 만들 수 있다.

☑ 준비물

• 마이크로비트
• 컴퓨터
• 웹캠
• 동글
• USB 케이블

② 인공지능을 준비해요

인공지능 프로젝트 진행 순서를 살펴보고, 인공지능 모델을 만들어 봅시다.

 인공지능 프로젝트 진행 순서

1 만들고 싶은 인공지능 모델 구상하기

반려동물이 요구하는 상황에 맞는 이미지를 구분하는 인공지능 모델을 만듭니다.

2 훈련하기

학습 데이터로 반려동물의 요구 상황을 4가지(배고플 때, 심심할 때, 졸릴 때, 화장실 급할 때)로 분류하고 각 상황에 맞는 사진을 수집해서 준비합니다.

3 학습 및 평가하기

입력된 이미지가 어떤 상황에 해당되는지 컴퓨터가 스스로 배웁니다.
학습이 완료되면 학습하지 않은 테스트 이미지를 입력해서 학습이 잘 되어 있는지 평가합니다.

4 반려동물 키우는 프로그램 만들기

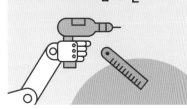

반려동물이 요구하는 상황에 알맞은 이미지를 판단할 수 있는 모델을 이용해서 반려동물과 상호작용하는 프로그램을 만들어 봅시다.

인공지능 모델 만들기

상황별 상호작용 카드의 이미지를 구분하는 인공지능 모델을 만들어 봅시다.

1 프로젝트 이름에 'my pet'을 입력하고, 인식 방법을 '이미지'로 선택한 뒤 [만들기] 버튼을 클릭합니다. 생성된 'my pet' 프로젝트를 선택합니다.

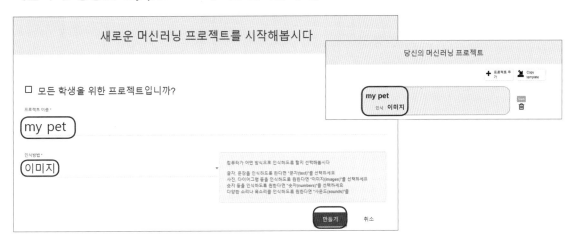

2 [훈련] 버튼을 클릭합니다.

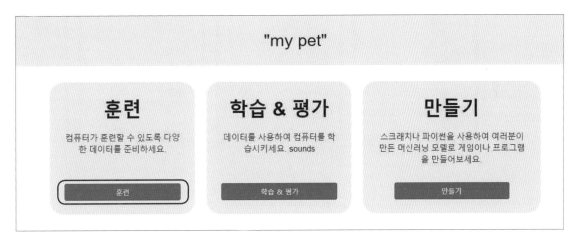

3 [새로운 레이블 추가] 버튼을 클릭하여 'playing', 'restroom', 'eating', 'sleeping' 레이블을 만듭니다.

4 [데이터 추가] 버튼을 클릭하여 각 레이블에 맞는 이미지 카드를 웹캠으로 촬영하여 레이블에 입력합니다.

5 각 레이블에 이미지 카드를 10번 이상 촬영하여 데이터를 입력한 후 [프로젝트로 돌아가기] 링크를 클릭합니다.

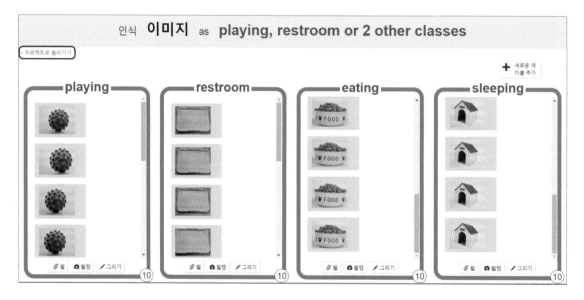

그 외 반려동물에게 필요한
나만의 레이블을 만들어서 데이터를
입력해도 좋아요.

6 [학습 & 평가] 버튼을 클릭합니다.

7 [새로운 머신 러닝 모델을 훈련시켜보세요.] 버튼을 클릭합니다. 이미지 데이터를 통해 학습하는 과정은 데이터의 양에 따라 다소 시간이 걸릴 수 있습니다.

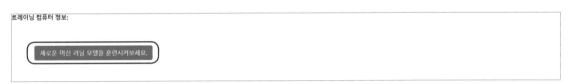

8 F5 키를 눌러 페이지를 새로 고침하여 모델이 완성되었는지 확인합니다. 이미지 카드를 활용하여 [웹캠으로 테스트하기] 버튼을 클릭하여 학습이 올바르게 이루어졌는지 점검해 봅니다.

9 인공지능 모델의 정확도가 낮다면 소리 데이터를 추가하여 다시 학습합니다. 인식이 잘 된다면 좌측 상단의 [프로젝트로 돌아가기] 링크를 클릭합니다.

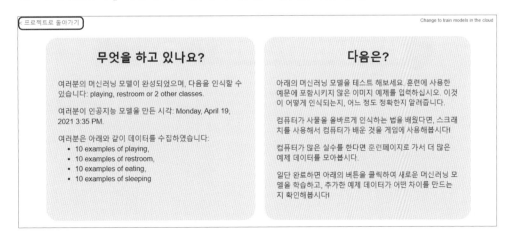

③ 프로그래밍해 보아요

앞에서 작성한 모델을 이용하여 컴퓨터 속 반려동물과 상호작용하는 프로그램을 만들어 봅시다.

명령 블록 준비하기

1 [만들기] 버튼을 클릭하여 프로그램 만들기를 시작합니다.

2 좌측 하단의 [확장 기능 추가] ( ) 버튼을 클릭한 후, '비디오 감지', 'micro:bit'를 선택합니다.

명령 블록 조립하기

반려동물에게 필요한 이미지인지 판단 결과를 출력합니다.

변수 생성하기	상태	1~4의 숫자를 저장하여 4가지의 경우를 판단할 때 사용하는 변수
	인식 결과	촬영한 이미지의 인식 결과를 저장하는 변수

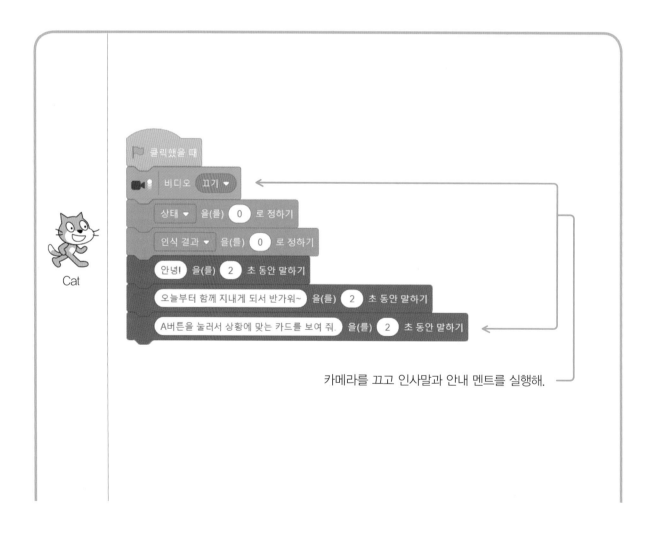

카메라를 끄고 인사말과 안내 멘트를 실행해.

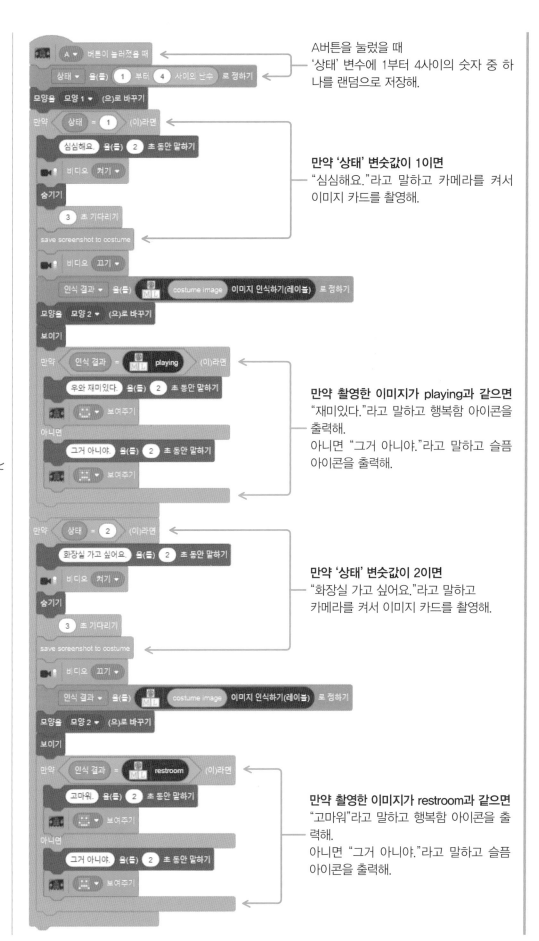

A버튼을 눌렀을 때
'상태' 변수에 1부터 4사이의 숫자 중 하나를 랜덤으로 저장해.

만약 '상태' 변숫값이 1이면
"심심해요."라고 말하고 카메라를 켜서 이미지 카드를 촬영해.

만약 촬영한 이미지가 playing과 같으면
"재미있다."라고 말하고 행복함 아이콘을 출력해.
아니면 "그거 아니야."라고 말하고 슬픔 아이콘을 출력해.

만약 '상태' 변숫값이 2이면
"화장실 가고 싶어요."라고 말하고 카메라를 켜서 이미지 카드를 촬영해.

만약 촬영한 이미지가 restroom과 같으면
"고마워"라고 말하고 행복함 아이콘을 출력해.
아니면 "그거 아니야."라고 말하고 슬픔 아이콘을 출력해.

Cat

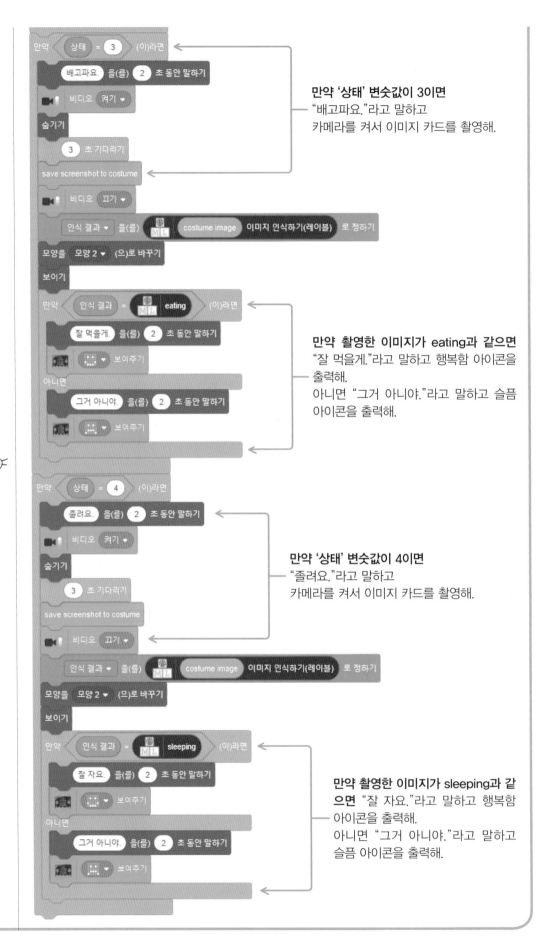

만약 '상태' 변숫값이 3이면
"배고파요."라고 말하고
카메라를 켜서 이미지 카드를 촬영해.

만약 촬영한 이미지가 eating과 같으면
"잘 먹을게."라고 말하고 행복함 아이콘을
출력해.
아니면 "그거 아니야."라고 말하고 슬픔
아이콘을 출력해.

만약 '상태' 변숫값이 4이면
"졸려요."라고 말하고
카메라를 켜서 이미지 카드를 촬영해.

**만약 촬영한 이미지가 sleeping과 같
으면** "잘 자요."라고 말하고 행복함
아이콘을 출력해.
아니면 "그거 아니야."라고 말하고
슬픔 아이콘을 출력해.

Cat

 **확인해 보아요**

완성된 프로그램을 실행해 보면서 실행 결과에 이상이 없는지 점검해 봅시다.

 실행하기　　아래 항목이 잘 동작하는지 확인해 봅시다.

항목	예	아니요
❶ 상황에 맞는 이미지 카드를 입력했을 때 '행복함' 아이콘이 마이크로비트 LED 디스플레이에 출력되나요?	○	○
❷ 상황에 맞지 않는 이미지 카드를 입력했을 때 '슬픔' 아이콘이 마이크로비트 LED 디스플레이에 출력되나요?	○	○

 점검하기　　아래 항목을 점검하고 잘 작동하지 않은 경우에는 수정해 봅시다.

카메라가 켜지지 않아요.

 스크래치 실행 시 카메라의 엑세스를 허용해야 합니다.

상황에 맞는 이미지 카드를 입력해도 슬픈 표정이 출력돼요.

 레이블에 여러 각도로 이미지 카드를 촬영하여 학습시켜 보세요.

나도 마이크로비트로 AI·메이킹한다

초판발행 2021년 7월 30일
3쇄 발행 2024년 1월 1일

지 은 이 김태서, 전승, 권순찬, 김경상, 최현수
펴 낸 이 이미래
펴 낸 곳 (주)씨마스
주   소 서울특별시 강서구 강서로33가길 78 씨마스빌딩
등록번호 제468호-87-01486호
내용문의 02)2274-1590~2 | 팩스 02)2278-6702

편   집 권소민, 이은경, 신태환, 최햇님
디 자 인 표지: 이기복   내지: 서해숙, 김강이
마 케 팅 김진주

홈페이지 www.cmass21.co.kr | **이메일** cmass@cmass21.co.kr

이 책에 대한 의견이나 잘못된 내용에 대한 수정 정보는 씨마스 홈페이지나 이메일로 알려 주시기 바랍니다.
잘못된 책은 구매처 또는 본사에서 교환해 드립니다.

I S B N 979-11-5672-450-6

교구는 별도 판매합니다.
구 매 처   T. 02) 2274-1590~2
홈페이지 cmassedumall.com

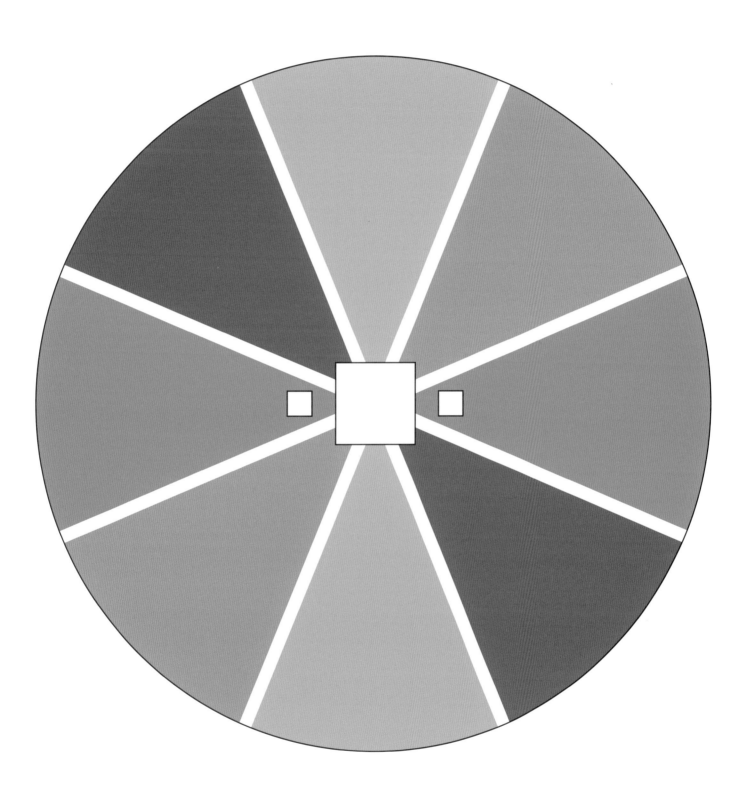

자르는 선

3장 음악에 맞춰 기울여 봐! (52~53쪽)

건전지 케이스 커버

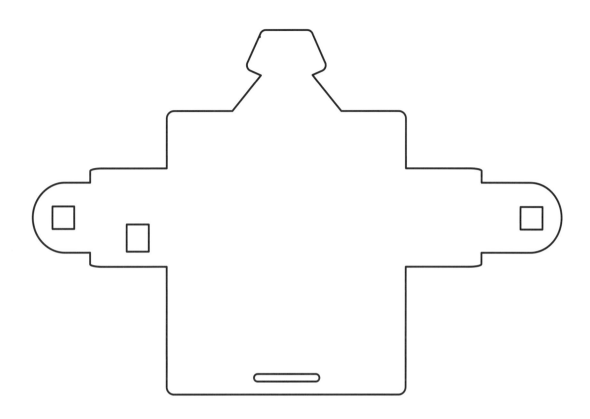

마이크로비트 모양

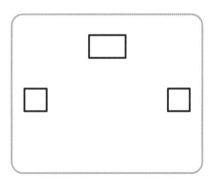

3장 음악에 맞춰 기울여 봐! (52~53쪽)

자르는 선

악기 모양 1

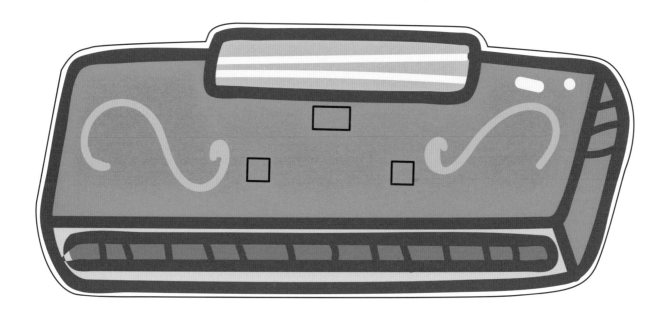

악기 모양 2

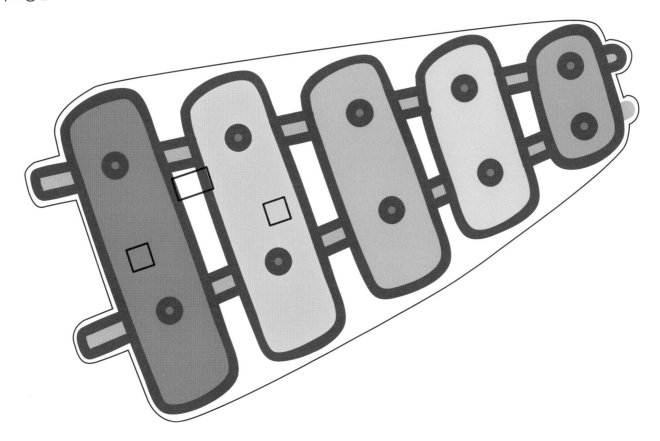

4장 마시기 딱 좋아! (64~65쪽)

스마트컵 홀더

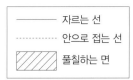
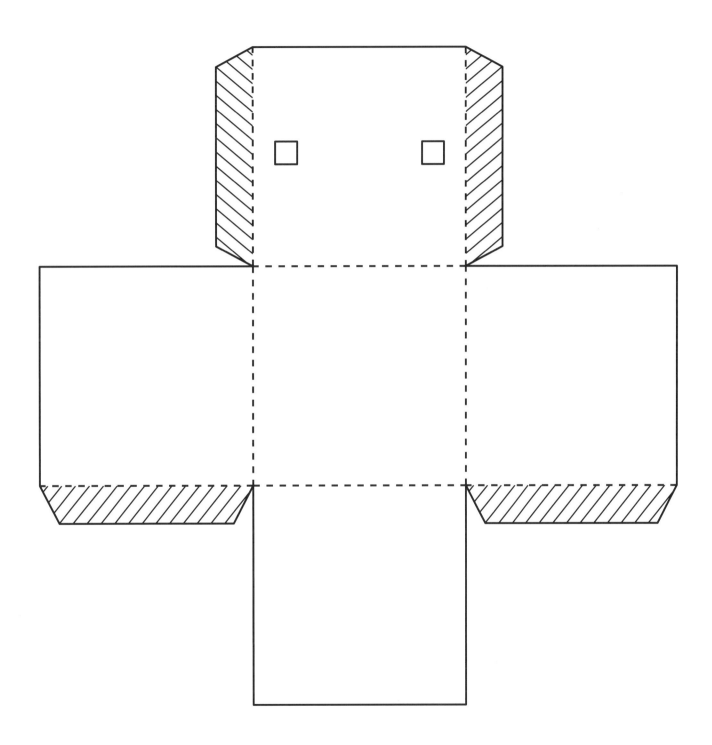

5장 빛나는 꽃을 줄게! (74~75쪽)

카드 바깥쪽

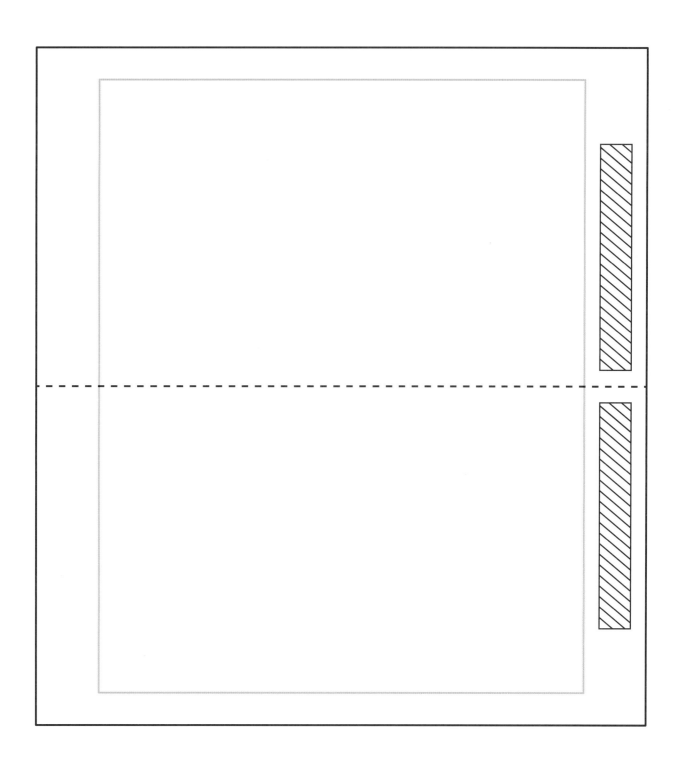

5장 빛나는 꽃을 줄게! (74~75쪽)

카드 안쪽

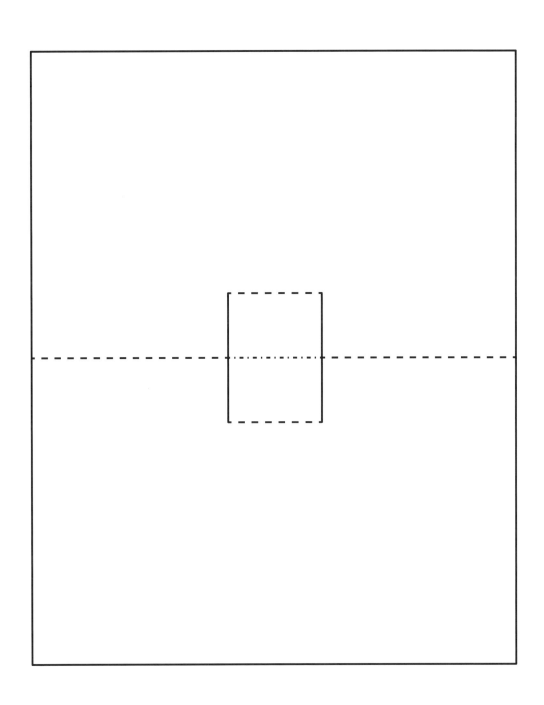

5장 빛나는 꽃을 줄게! (74~75쪽)

자르는 선

꽃

물뿌리개

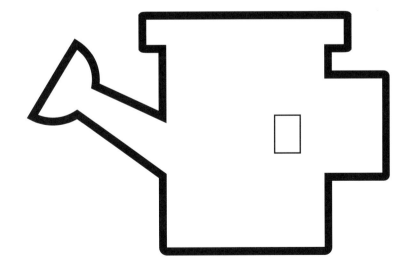

6장 컬러 세러피 무드등이 필요해! (84~85쪽)

컬러 세러피 무드등

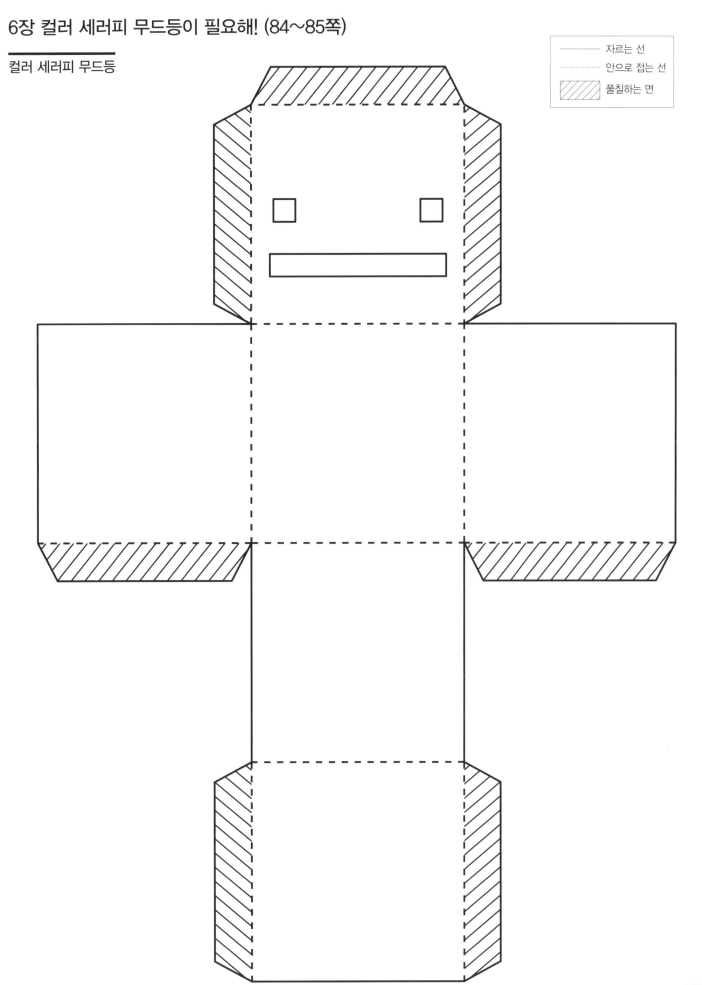

치아

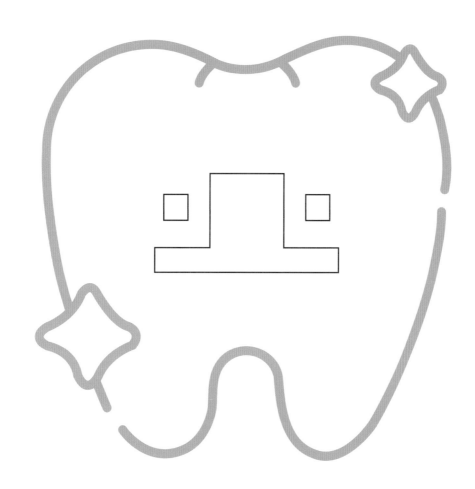

칫솔 살균기

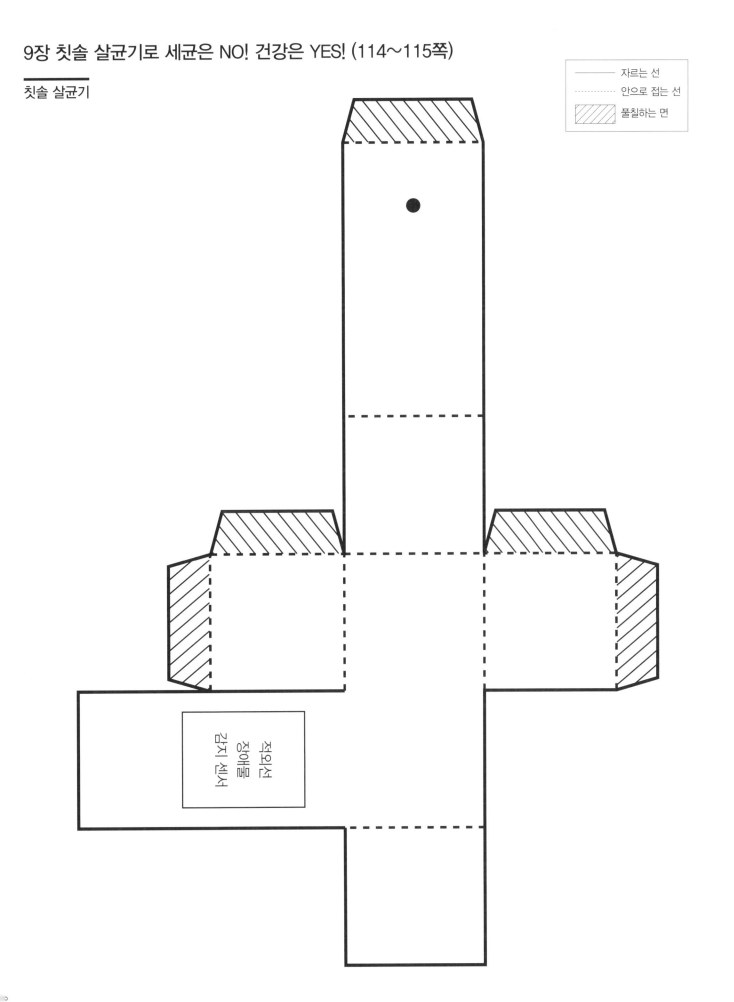

자외선
장애물
감지 센서

자르는 선
안으로 접는 선
풀칠하는 면

11장 강아지가 배고프대! (137~139쪽)

강아지 급식소의 단

————— 자르는 선

··········· 안으로 접는 선